探路智慧社区

之江实验室 / 编著

中国科学技术出版社
·北京·

图书在版编目（CIP）数据

探路智慧社区 / 之江实验室编著 . -- 北京：中国科学技术出版社，2022.9
ISBN 978-7-5046-9728-8

Ⅰ. ①探… Ⅱ. ①之… Ⅲ. ①社区建设—研究 Ⅳ. ① C916.2

中国版本图书馆 CIP 数据核字（2022）第 134192 号

策划编辑	申永刚　王　浩
责任编辑	申永刚
封面设计	马筱琨
版式设计	锋尚设计
责任校对	吕传新
责任印制	李晓霖

出　　版	中国科学技术出版社
发　　行	中国科学技术出版社有限公司发行部
地　　址	北京市海淀区中关村南大街 16 号
邮　　编	100081
发行电话	010-62173865
传　　真	010-62173081
网　　址	http://www.cspbooks.com.cn

开　　本	710mm×1000mm　1/16
字　　数	144 千字
印　　张	12.5
版　　次	2022 年 9 月第 1 版
印　　次	2022 年 9 月第 1 次印刷
印　　刷	北京盛通印刷股份有限公司
书　　号	ISBN 978-7-5046-9728-8/C · 210
定　　价	99.00 元

（凡购买本社图书，如有缺页、倒页、脱页者，本社发行部负责调换）

EDITORIAL BOARD

编委会

组　长： 赵宇超　董　波

副组长： 吕明杰

编写组： 蒋思雨　张熙媛　朱美卉　郑芷煜　孙　琦

CONTENTS

目录

引言 智慧城市和社区建设的困境与突破 / 1
　　一、回归以人为本的"新"阶段 / 2
　　二、人工智能时代智慧城市和社区发展的新需求 / 6
　　三、人工智能时代智慧城市和社区发展的新挑战 / 9

智慧治理篇

未来社区治理的平台化路径

第一章 "平台化"治理路径初探 / 16
　　一、智能数字平台和平台化治理路径 / 16

智能数字平台：以"城市大脑""社区微脑"为例 / 20

二、社区案例 / 26

（一）基本情况 / 26

（二）借鉴与启示 / 34

智慧服务篇
探索具有中国特色的"以人为本"方案

第二章 2 从"造房子"向"造未来"的转变 / 36

一、技术与服务：对"智慧""未来"等概念的现有思考和问题呈现 / 36

二、探讨"技术与服务"的历史演进过程 / 40

三、社区案例 / 46

（一）基本情况 / 46

（二）借鉴与启示 / 50

第三章 3 "人机交互"赋能社区服务 / 52

一、从"人际交往"向"人机交互"的转向 / 52

"人机交互"赋能基层治理的国内外研究简述 / 53

二、社区案例 / 57

（一）清波街道：人工智能社工"小清" / 57

（二）善贤人家社区：人工智能"小"应用，服务"大"帮手 / 61

（三）借鉴与启示 / 64

智慧生活篇

构筑"以人为本"的数字生活新图景

第四章 4 打造"生活共同体" / 68

一、超越技术化、个体化的时代？——构建社区共同体的可能路径 / 68

二、社区案例 / 74

（一）明珠社区的共同体实践 / 74

（二）翡翠城社区的"商业化共同体"建构实践 / 78

（三）借鉴与启示 / 83

第五章 5 "旧貌换新颜" / 84

一、"社区更新"的进化史 / 84

二、社区案例 / 89

（一）两个典型老旧小区的更新实践 / 89

（二）借鉴与启示 / 97

全球篇

国外社区的智慧化路径和实践

第六章 6　北美洲：宏大的技术创变与复杂的社会情境 / 100
　　一、概要 / 100
　　二、北美洲智慧社区的价值导向和实践路径 / 102
　　　　（一）价值导向 / 102
　　　　（二）实践路径 / 104
　　三、北美洲智慧社区案例 / 106
　　　　（一）加拿大埃德蒙顿开放城市与多伦多水岸社区 / 106
　　　　（二）美国：基于智能可持续发展的迪比克项目和国家登陆项目 / 113
　　　　（三）借鉴与启示 / 116

第七章 7　欧洲：人文与科技兼具的智慧社区典范 / 118
　　一、概要 / 118
　　二、欧洲智慧社区建设的价值导向和实践路径 / 119
　　　　（一）价值导向 / 119
　　　　（二）智慧社区建设的技术路径 / 123
　　三、欧洲智慧社区案例 / 125
　　　　（一）瑞典斯德哥尔摩市哈马尔比社区 / 125

（二）荷兰海尔蒙德市布兰德福特新型智慧社区 / 127

（三）德国慕尼黑步兵街 / 128

（四）英国伦敦贝丁顿零碳社区 / 129

四、借鉴与启示 / 131

第八章 亚洲：后来居上的未来之城 / 133

一、概要 / 133

二、新加坡——政府主导与数据驱动的智慧国 / 135

（一）新加坡智慧社区的价值导向和实践路径 / 136

（二）具体案例 / 138

三、日本——企业主导对能源与自动化的新探索 / 140

（一）日本智慧社区的价值导向和实践路径 / 140

（二）具体案例 / 142

四、韩国——以信息化为依托的智慧城市和社区建设领跑者 / 146

（一）韩国智慧社区的价值导向和实践路径 / 147

（二）具体案例 / 148

五、借鉴与启示 / 150

第九章 非洲：利用本地智慧"弯道超车" / 152

一、概要 / 152

二、非洲智慧城市的建设背景 / 153

（一）非洲数字化发展现状：数字鸿沟痼疾严重 / 153

（二）非洲打造智慧城市的必要性 / 157

三、非洲智慧城市和社区案例 / 160

  （一）内罗毕和勒斯滕堡的建设特点 / 161

  （二）借鉴与启示 / 167

第十章 拉丁美洲：秉持开放心态，突破"低端城市化"陷阱 / 170

一、概要 / 170

二、拉丁美洲智慧城市和社区发展现状和发展路径 / 172

  （一）拉丁美洲智慧城市和社区的发展现状 / 172

  （二）拉丁美洲智慧城市和社区的发展路径 / 175

三、拉丁美洲智慧城市和社区案例 / 177

  （一）巴西里约热内卢：拉美智慧城市和社区发展的"领跑者" / 177

  （二）智利首都圣地亚哥：在智慧交通和智慧环保上表现突出 / 179

  （三）阿根廷首都布宜诺斯艾利斯：邀市民共治的智慧城市之光 / 180

  （四）秘鲁首都利马：落后地区的智慧发展之路 / 182

四、借鉴与启示 / 183

结语 面向未来的智慧城市和社区建设 / 187

引言

智慧城市和社区建设的困境与突破

十几年来，以人工智能为代表的新一代信息技术正逐步从虚拟走向现实。尽管仍处于过渡期，但其所蕴含的巨大能量已经开始影响人类生活的方方面面，"智慧城市"的应运而生无疑是最为深远的影响之一。

当前，全球接近六成的人口居住在城市，据联合国预测，到2050年，这一比例会进一步提高到68%。可以说，城市生活正逐渐成为人类文明的常态。[1]自2008年国际商业机器公司（IBM）在"智慧星球"（Smart Planet）计划中首次提出"智慧城市"（Smart City）概念，到2010年其正式发布"智慧城市"愿景，十余年来，世界各国都在智慧城市和社区发展领域做了大量的开放、试错和探索工作，并取得了令人钦佩的成绩。可以说，对于当下的任何一座城市而言，讨论的焦点已不再是要不要发展智慧城市，而是如何敏锐把握智能技术的前进方向，推动城市顺势而为，从而实现有机、可持续地发展。

尽管我们对于"智慧"的理解依然莫衷一是，然而，让城市内所

---

[1] 王东昂. 未来触手可及：人工智能应用于智慧城市［EB/OL］.（2021-03-08）[2022-05-03］. https://www.mouser.cn/blog/cn-smart-future-on-the-horizon-cities-built-on-ai.

有居民都安居乐业，享受高质量的生活越来越成为共识。❶那么，当"智慧城市""智慧社区"建设进入深水区，我们如何回归人是城市主体的原点？我们该借助什么样的人工智能技术来达成以人为本的城市生态体系？21世纪的城市究竟何以伟大？未来它们究竟应该和人工智能有什么样的关系？❷

本书希望一探究竟。

一、回归以人为本的"新"阶段

纵观历史，智慧城市这一概念，和如同有机体一般的城市自身一样，不断地演化和蜕变着。在不同的历史时期，城市的转型与技术的进步都息息相关，人类文明史中诞生过许多与如今智慧城市相近的形态或设想，让当时的人们感受过智慧在城市间的衍生和流淌。美国学者若昂·德让（Joan DeJean）在《巴黎：现代城市的发明》（*How Paris Became Paris: The Invention of the Modern City*）中提到，是巴黎城市建设中的各项发明——不论是桥梁上的观景平台、林荫大道等首次出现的现代基础设施，还是城市照明、公共交通、时尚购物等全新的现代生活方式——让巴黎从众多中世纪城市中脱颖而出，成为首

---

❶ BEARD V A, MAHENDRA A, WESTPHAL M I. 构建更加公平的城市：挑战与机遇综述［M/OL］. 华盛顿特区：世界资源研究所，2016.
❷ 周远方. 华为岳坤：智慧城市建设进入深水区，如何避免"中看不中用"？［EB/OL］.（2020-11-25）［2022-05-03］. https://mp.weixin.qq.com/s/mhlrauY9Mb1wu2ooq_bA0A.

座现代意义上的伟大城市。与之相对，尽管谈论的也全部都是古老的城市，但在20世纪70年代出版的经典作品《看不见的城市》（*Le città invisibili*）中，意大利作家伊塔洛·卡尔维诺（Italo Calvino）已深切担忧着科技对城市生活越演越烈的操控，担心充满人性化特质的城市将会沦为受技术控制的"提线木偶"。卡尔维诺认为，历史中存在的伟大城市各有其独特的、匪夷所思的优点与缺点，但是有一点是共通的：那就是它们都非常鲜活，城市和市民一样，都是活生生的，绽放着"人之为人"的光芒和色彩。❶

如今，智能手机、监控探头、政务服务平台、街头显示屏、电动汽车、物流机器人、智能电表、智能井盖、智能烟感、自动垃圾分类箱，甚至是智能宠物喂食器、饮水机等智能设备已遍布城市的大街小巷。越来越丰富的智慧城市技术应用品类，给人们的城市生活提供了更具科幻感、未来感的呈现和选择。种种迹象表明，高度智能化的"未来"科技，已渐渐渗入城市和我们的日常生活。如同物理学家詹姆斯·特拉菲尔（James Trefil）所言："科技如今设定了城市的极限，指出了都市发展的大致方向。用工程师的语言来说，技术定出了能够发展的'壳'。我认为，在都市发展上，我们已经到达一个转折点，因为这是有史以来，人类第一次在建立都市的技术上几乎没有限制：我们可以建造出任何都市，只要我们能够知道自己想要什么。"

---

❶ 赵琦. 漫谈《看不见的城市》[EB/OL].（2020-06-23）[2022-05-03]. http://www.chinawriter.com.cn/n1/2020/0623/c404092-31756254.html.

毫无疑问，今天的人们越来越清楚，在人工智能技术不断发展、强势崛起的时代，城市和社区的发展必须回归以人为本的核心诉求，需要重新发掘"人之为人"的宝贵特质。以我国的智慧社区建设为例，顶层设计在考虑通过以人工智能为代表的新技术让未来之城成为可能的同时，已经开始着重考虑人与城市、人与技术、人与机器等庞大而复杂的关系，"以人为本"是智慧城市和社区建设需要常谈常新的课题。2013年，北京市政府在《北京市智慧社区建设指导标准》中指出，智慧社区是利用物联网、云计算、移动互联网、信息智能终端等新一代信息技术，通过对各类与居民生活密切相关信息的自动感知、及时传送、及时发布和信息资源的整合共享，实现对社区居民吃、住、行、游、购、娱、健生活七大要素的数字化、网络化、智能化、互动化和协同化，让"五化"成为居民工作、生活的主要方式，为居民提供更加安全、便利、舒适、愉悦的生活环境，让居民生活更智慧、更幸福、更安全、更和谐、更文明。同年，上海市政府在其颁布的《上海市智慧社区建设指南（试行）》中也明确指出，智慧社区建设是指在街道、镇、村等地理区域范围内，利用信息技术整合社区资源，为社区居民提供高效、便捷和智慧的服务，提升社区居民对智慧城市的体验度和感受度。

智慧社区建设承载了政府和社区管理者的功能，它们需要应对瞬息万变的情况，合理分配资源，做好未来规划，满足居民需求，从而实现社会高效可持续发展的现实初衷。我国智慧城市和社区建设中"以人为本"理念的核心，依然是在党中央的领导下，构建基层社会"一主多元"的公共空间，以此来包容和调试市场和社会的空间弹性，

以及调和、满足企业和居民的不同诉求。❶

从政府治理角度看，智慧社区建设可以优化政府政务处理结构体系，以使其更方便、高效、便捷地服务居民，满足居民的需求，继而提高政府工作效率。同时，城市管理者能够真正走入基层，与社区民众有所联系、互动，并了解他们的真正需求，这一转变真正践行了以人为本的科学发展理念。

从市场角度看，智慧社区作为智慧城市建设过程中的重要一环，二者共同构成了前景广阔的商业蓝海——将数字技术融入现有的社区建设体系之中，使这一融合领域具有指数级的增长潜力，可以获得叠加的创新产出。城市和社区的数字化建设将有利于促进相关高新科技产业的发展，创造出相当数量的新型就业机会和岗位，吸引相关企业，从而构建新型的政企合作模式，并通过资本的引领和刺激，带动社会群体间的集思广益，促进地区科技进步和经济发展。

从社区居民角度看，智慧城市和社区建设需要使数字红利惠及每个人。联网应用和联网设备应该将实时透明的政府信息传递给居民，并进行共享，让他们对社区服务有更好的参与感，从而强化居民与政府之间的社会关系。数字技术还可以对社区居民的健康状况进行及时监测，使社区居民能够更好地管理其健康风险。总之，智慧社区需要成为能增强居民幸福感的所在，不能使居民成为技术应用、市场投资和政府监管的附庸和受累者。

---

❶ 熊阿俊. 平台化：党领导基层社会治理的新方略［J］. 中共福建省委党校（福建行政学院）学报，2020（5）：62-69.

然而，政策和畅想的落地与实现并不容易。城市管理者、企业家、市民、民间机构、社会组织等更广泛的多元群体需要团结起来，创新思路，优化城市的建设和管理方式。一方面，我们需要从实际的民生问题出发——哪怕是很小的问题——来回应市民的需要与期待。如果城市管理者仅从自身的立场出发，过度追求阶段性的数字化成果，那么他们很难给民众带来真正的福祉。另一方面，设计行之有效的多方合作机制是成功建设智慧城市的先决条件。单独靠政府不足以解决复杂的城市问题，这需要不同主体分工得当，共担责任。❶例如，涉及商业收益的创新最好由企业驱动，而涉及公共利益的领域则应由政府积极主导。当下的智慧城市和社区建设需要为进一步合作和创新的可能开创空间，让更多的声音被听到，让更多的群体被看见。

二、人工智能时代智慧城市和社区发展的新需求

从全球来看，尽管过去十几年来的智慧城市和社区建设总体上提升了当地居民的生活质量——不论是将实时政府资讯传递到用户指尖（帮助其积极参与政治生活），减少市民路上出行的烦琐安排（既节省了时间，也节约了能源），还是有助于城市高效运行，帮助城市管理者营造更具创新活力的商业环境，甚至是加强居民间的社会联结，重

---

❶ 腾讯研究院. 智慧城市只是一个营销策略吗？——对话韩国首尔数字基金会主席Lee Chi Hyung教授［EB/OL］.（2020-12-04）［2022-05-05］. https://mp.weixin.qq.com/s/sbj4Dx1i45I3cF4W3F8WNQ.

塑构建社会共同体的可能——但不平等、不环保、不透明的城市间和城市内的生产、生活、消费图景依然存在。这无时无刻不在提醒着我们技术应用的有限性，即便是走在世界前沿的智慧城市，在城市治理方面也仍然具有巨大的进步空间。过去几年里，国际、国内的时局变化和社会思潮转向也对智慧城市变革产生了方向上的影响。

一方面，随着2020年新冠肺炎疫情的全面暴发，全世界已走过了将近三年的抗疫期，各地社会逐步进入常态化的"后疫情"发展阶段。疫情给智慧城市发展提出的更高要求，形成了一场波及大量城市和社区的线上"社会实验"——其影响的领域包括在线教育、远程工作、数字政务服务、家庭护理等。上述的数字化举措都在后疫情时代得以延续和强化，这是进一步推动人工智能技术和城市治理现代化融合的大好机遇。因此，我们或许可以预测，后疫情时代的生活方式将更加紧密地与网络绑定，这要求互联、互通的城市基础设施建设必须加速，技术智能化程度需要持续提高，更加精细化的数据服务和与之相伴的智能化决策等也需进一步突破。❶可以说，智慧城市建设将会加速进入以追求万物互联、互通和数字化生存为目标，而非线上、线下二元关系的一体化智慧时代。

另一方面，后现代生活方式的普及，使得民众对打造包容性社会的呼声越发强烈。❷随着全球人口趋向老龄化，城市化越来越多地发

---

❶ 腾讯研究院. 邬贺铨院士关于智慧城市建设的最新观点和建议［EB/OL］.（2020-05-08）［2022-05-05］. https://mp.weixin.qq.com/s/5JQLprF2vZBP1pmtxBY4Sw.

❷ 中国科学院现代化研究中心. 中国城市化与城市现代化［EB/OL］.（2003-08-19）［2022-05-06］. https://www.cas.cn/zt/jzt/ltzt/wgxqxdhyjxlc/xdhllyj/200308/t20030819_2670723.shtml.

生在低收入国家，城市内贫富差距日益拉大，"数字鸿沟""机器取代人工"的浪潮越发汹涌，我们需要重新审视城市化发展中暴露出的问题，以及以往做法的局限性。比如，数量日益庞大的老年群体，却是全球智慧城市建设中最易被边缘化的群体之一——疫情期间，老年人没有"健康码"而出行受限的新闻时有发生。老年人应当既有选择不融入数字化的权利，也有从社会获得良好的技术支持来消弭数字鸿沟的权利，[1]他们特有的生活方式和文化实践需要被尊重。为帮助和照顾老年人生活而设计的数字设备，要充分考量老年群体的实际诉求，而非一味追求技术先进性，这些现实情况都将对未来城市布局产生巨大影响。与此同时，在人工智能时代，社会整体的经济富裕程度和数字技术的先进性虽然提升了，但正如著名历史学家尤瓦尔·赫拉利（Yuval Harari）所言："随着人工智能、机器人、生物技术等远比蒸汽机和火车更强大的新力量的发展，19世纪工业革命带来的全球国家和地区间的极端不平等可能再次发生。"[2]对全球城市间和城市内不平等加剧的担忧，意味着我们必须开始构建足够广泛的包容性框架来设计跨部门、跨行业、跨群体的由各种利益攸关者参与的集体决策方案，这将逐渐成为未来城市规划和建设的支柱性策略。

最后，随着"碳达峰""碳中和"成为国际共识和共同努力的目

---

[1] 邱智丽. 老年人数字鸿沟问题凸显 专家：数字化不等同于便利化［EB/OL］.（2021-03-11）［2022-05-06］. https://www.yicai.com/news/100976209.html.

[2] 环球网. "简史三部曲"作者赫拉利接受《环球时报》专访："科技冷战"会带来灾难性后果［EB/OL］.（2021-11-05）［2022-05-06］. http://m.cyol.com/gb/articles/2021-11/05/content_GL8xbhzAm.html.

标，绿色低碳成为未来智慧城市和社区可持续发展的前提。各大城市和社区在经济上的低碳导向，已成为明显趋势；政府机构、企业、社会团体、个人都将成为需要纳入考量的城市范围内的碳排放主体。城市将成为推动降碳的主要阵地之一。形成绿色的城市和社区空间，推行清洁交通方案，减少公共场所、建筑和家居的能源消耗，解决大气污染问题等，都标志着城市将是"双碳"目标实现的最大应用场景。❶这也意味着城市和社区居民对环境政策、社区生态宜居，以及城市生态恢复力和韧性的要求也越来越高，城市间不同群体在环境问题上的横向互动或会加强，但是，分散化的需求或会导致冲突的发生，人与自然的协同关系也会发生改变。

三、人工智能时代智慧城市和社区发展的新挑战

不难看出，人工智能时代的智慧城市和社区建设为营造优良的治理体系、平等的市场环境和以人为本的未来生活给予了极大帮助。然而，诚如许多学者所言："人工智能不仅是社会治理的工具，也是社会治理的对象。"❷作为面向未来的开创性实践活动，人工智能时代的智慧城市和社区发展也面临着全新的挑战，需要对治理逻辑、社会结

---

❶ 李行. 城市是"双碳"目标实现的最大应用场景. 2021中国（深圳）城市能源大会发言实录［EB/OL］.（2021-12-06）［2022-05-06］. http://www.nengyuanjie.net/article/52317.html.

❷ 张成岗. 人工智能的社会治理：构建公众从"被负责任"到"负责任"的理论通道［J］. 中国科技论坛，2019（9）：1-4.

构、政民关系等多方面的困难和问题做出大胆而务实的回应。

第一，随着人工智能加速发展，时间、空间和人们的认知范围被大大拓展，智慧城市也正朝着人-机-物融合共通的逻辑转变。[1]因此，当人工智能技术应用于城市中时，城市中的各类群体、资源、空间、组织，都要围绕人-机-物互联共生的逻辑进行重组。有学者认为，网络互连的特性使治理模式转向"连接型"，即城市管理依存于又助力着人机互联、人人互联、人-组织-制度互联等各种人-机-物互联形态，这一转变突破了城市治理"条块分割"的窘境，有助于开创整体、全面的城市治理和发展路径。[2]即便是在一些数字化治理和建设水平较高的国家和地区，现有的治理模式也只是构建在"技术作为辅助工具""技术的从属性"等理念上，只能实现简单的、以技术为中介的公民-政府互动，忽视了以人工智能为核心的计算系统正由以人为绝对主体的信息交互和资源交换，转向人机共生，甚至人-机-物融合的大趋势，因此很难满足城市居民深层次的互动需求。此外，前期技术规划的缺失、行政人员技术能力的不足、"部门主义"等机制问题，都影响了技术在城市发展过程中的优势发挥。从全球来看，动态掌握城市人流、物流、地理空间等多方面的运行轨迹、行为状态和实时需求依然是城市治理的难题，而优化行政体制机制则是推进人工智能赋能城市革新的前提条件。以我国为例，大量的现有调研和文献都表明，一方面，基层城市管理者的基本数字素养尚需提高，尤其是对转

---

[1] 孙世芳. 人机物三元融合 万物智能互联[N]. 经济日报, 2021-12-04(10).
[2] 陈水生. 技术驱动与治理变革：人工智能对城市治理的挑战及政府的回应策略[J]. 探索, 2019(6): 34-43.

向深层次的对人机交互、人-机-物三元融合等趋势的理解。常见且可行的解决办法之一，是由各基层行政部门发起与高校或企业专家的战略合作，通过建立专家智库，开展针对不同层级行政人员数字赋能城市发展的专题培训，来补齐信息技术和数字治理人才的短板。另一方面，如一些学者所言，新一轮城市化的背后总是会有新的得利者和失意者，政策法规要尽量适配技术更新的速度，发展结构转变需要城市管理者敏捷而适宜地应对，在资源分配、诉求表达、协调机制等维度加以调整，特别要注意科技寡头企业和丧失了数据隐私和权力的普通公众群体间的差距与矛盾。

第二，如何落实以人为本的智慧城市发展战略仍然见仁见智。需要明确的是，智慧城市从来都不仅仅是为了国家和政府的建设，我们绝不能只从管理的角度出发，使社会公众处于"失语"的境地，被动地等待智能技术应用的"赋能"。城市和社区居民往往囿于个人教育背景、社区整体生态等原因，无法对信息技术发展和应用的情况全盘掌握，无法给出明晰、准确的建议，如某市某老旧小区改造试点的街道办主任所言："（在进行相关改造项目之前）我们有一个清单给他们（居民），发了所有的问卷调查给他们，询问他们要改造哪些内容。但说实话，居民其实不是特别清楚的，他们也不会说，我要智能化的，我要高科技的，只要环境整洁一点，道路通畅一点，停车方便一点，楼道能够干净一点，线不要那么多就行了。"但要看到，社区居民对政策、建设、规划等问题不是没有看法，只是需要被鼓励、被引导、被提炼总结（并再次与他们沟通确认）。丧失社区居民支持的建设项目是不可持续的，其造成的不利影响会超过智慧化改造带来的积极效果。无论以人为本的路径如何践行，更广范围地倾听居民意见永远是第一步，只有这样，智慧化的城市改造才能成为撬动经济发展和生活质量提升的杠杆。

第三，技术重塑城市治理、技术更新城市生活的逻辑或将不断被放大，挤压其他发展逻辑。这背后既有技术自身的侵蚀力，又有商业资本的推力，也有政府自身对技术的依附力等原因。这种逻辑会加速技术扩散，纵容技术的自我扩张和个体对技术的过度依赖。当以人工智能为核心的技术发展到一定阶段，它可能会反噬城市发展：从服务于城市化过程的工具变为城市治理的主体，使城市治理不再是传统城市管理者，甚至不再是人类的专属权力。在我国部分地区的调研中，可以看到，尽管城市管理者目前普遍认为，相关的人工智能技术和应用仍处于初级，但对已投入使用的智能传感设备或政务服务数据平台、云计算平台等都抱有极大的信任，他们极少对终端数据或训练出的算法模型产生怀疑，并很大程度上倾向于"听从"数据平台或算法的建议解决问题。

但同时，我们必须看到，人工智能作为一种新型技术，它的核心仍然以科学、理性为主，而城市进化的本质是以人为本，尊重多元主体间的关系与互动，城市管理者需要认识到，伴随着技术和人类认识论的进步，城市的发展是围绕人与人、人与机器、人与自然、人与组织、机器与机器、自然与机器等多元主体间的复杂互动展开，并一直会受到人的情感、社会习俗、意识形态等多方面非理性因素的影响。对此，我们并未完全做好准备，但我们需要明确的底线是，不能过分强调利用技术"纠偏"将所有社会行为和实践活动量化、理性化。过度技术导向的趋势，会使我们失掉治理和发展中的包容度和容错率，反过来强化技术应用在城市管理中的负面效应，而这显然不是我们愿意看到的"未来之城"的景象。

　　本书将对人工智能时代智慧城市和社区建设汇总的新需求、新挑战进行全面的思考，从技术和社会发展的理论脉络探讨"未来之城"的可行性路径。我们先从国内浙江省、上海市等东部沿海发达地区的典型城市和社区案例入手，梳理出城市和社区智慧化转型的重点议题，以及相应数字化举措及其有效性。之后，通过对全球五大洲智慧城市和智慧社区的经典案例进行分析，发现各国、各地区建设模式和关键行动中的共性，以期为我国的智慧城市和社区发展与治理提供参考。

智慧治理篇

未来社区治理的平台化路径

中国共产党第十八次全国代表大会（简称"中共十八大"）以来，以习近平同志为核心的党中央高度重视治理能力现代化建设。习近平总书记2020年3月赴浙江考察时指出，推进国家治理体系和治理能力现代化，必须抓好城市治理体系和治理能力现代化。运用大数据、云计算、区块链、人工智能等前沿技术推动城市管理手段、管理模式、管理理念创新，从数字化到智能化再到智慧化，让城市更聪明一些、更智慧一些，是推动城市治理体系和治理能力现代化的必由之路，前景广阔。

随着以人工智能为核心的下一代互联网技术越来越多地被应用于公共服务领域，数据、算法、平台等技术已逐渐发展为新型传播基础设施，治理本身也逐渐趋向媒介化、信息化、平台化，不断发挥着创新我国社会治理体系的潜力。

为了响应国家推进基层治理能力现代化的号召，全国各地以智慧社区建设为落地点和试验场，通过统筹公共管理、公共服务、商业服务等多种资源，综合运用传感器、数据接口、可视化服务平台、云计算、算法模型等软硬件信息技术集成，试图开辟新一轮科技驱动下的，政府、居民、企业、环境等不同主体共同参与的和谐多姿、多元共治的治理范式。那么，在我国目前走在前列的智慧社区建设中，基层治理模式究竟呈现何种形态？新科技在赋能地方治理的同时，又引发了怎样的问题和困惑？随着人工智能技术的纵深发展及其在基层治理中的更广泛应用，技术与基层治理体系创新间的互动关系成为当今社会需要深入思考的重要议题。

第一章

"平台化"治理路径初探

一、智能数字平台和平台化治理路径

近十年来，如火如荼的智慧城市和社区建设，使人工智能、大数据、第五代移动通信技术（简称"5G"）、物联网、数字孪生、虚拟现实、增强现实等新一代信息技术逐步走入公众视野和日常生活，并成为政府、学界、业界的热门议题。一方面，新科技的快速发展和广泛应用进一步强化了政府践行技术治理的决心；另一方面，随着数字化和城镇化的不断推进，此轮技术治理的平台化趋势日益鲜明。❶不论是各地纷纷涌现的"城市大脑"等可视化平台建设，还是商业互联网平台对普通居民衣食住行的"代理"，抑或是政府对超级互联网平台的规制加深，都从不同侧面展示了政府拥抱平台化的选择与尝试。❷这其中，技术和治理依然是实践与研究中绕不开的两个重要方向。前者关心以智能数字平台为核心的架构如何使技术的"中介化""扁平化"

---

❶ 姬德强. 平台化治理：传播政治经济学视域下的国家治理新范式[J]. 新闻与写作，2021（4）：20-25.

❷ 孙萍，邱林川，于海青. 平台作为方法：劳动、技术与传播[J]. 新闻与传播研究，2021（1）：8-24.

优势在基层治理中发挥效力；后者则关注基层政府在智慧城市和智慧社区建设中如何理解和内化平台逻辑，如何利用平台化路径优化地方治理体系。❶因此，二者勾连下的"平台化治理"概念作为一种全新的理论框架和视角引发了社会与市场的关注，并借机梳理了行政管理、生产与消费等多层次的发展脉络，成为阐释人工智能时代城市管理者地位变迁，以及具有中国特色多元共治结构的重要路径。

此前，学界对平台化条件下基层治理能力的提升已展开了相关研究，并探讨了数字化平台技术和应用生态中所蕴含的理念革新和机制创新。在有关新一代信息技术影响政治运行和社会治理的前期研究中，中外学者多从传播政治经济学中"大传播"的视角——不仅指涉传统的政治宣传、沟通和营销等政治传播现象，还指向更具有基础性的信息基础设施、资本市场和数字发展政策——来批判地揭露超级互联网平台可能给政治治理和社会参与带来的危害。❷比如，少数大型互联网公司的寡头垄断和公私权力的重新配置，会导致公共服务分配不平等的加剧和对数字劳动者的严重剥削，使公民隐私受到侵犯，另外，平台的"算法黑箱"给系统性的国家治理体系调整也带来了隐患。❸

尽管科技驱动的平台化过程带有鲜明的商业逐利性和较为模糊的公私权力界限，但平台化路径也为政府回应当下基层治理难题——如

---

❶ 北京大学课题组. 平台驱动的数字政府：能力、转型与现代化 [J]. 电子政务，2020（7）：4.
❷ CHEN J Y, QIU J L. Digital utility: Datafication, regulation, labor, and DiDi's platformization of urban transport in China [J]. Chinese Journal of Communication, 2019, 12（3）：274-289.
❸ 姬德强. 媒体融合与国家治理体系的平台化转型 [J]. 青年记者，2020（10）：12-14.

传播主体的平面化和隐蔽性，以及公共交流的圈层化和"茧房效应"，继而维护公共利益、提升治理效能，提供了全新的社会科技实践体系。❶对此，有关学者提出了"平台化治理"这一全新概念，来解释平台化条件下政府治理体系的调整和创新。平台化治理的一个重要方面是强调治理体系的平台化，即以平台思维创新治理理念和治理模式，突出了在中国语境下，政府在每一代技术驱动的新型治理生态系统中的主导角色与独特地位。作为突破传统政务信息化模式的先锋，平台化治理实践意在内化平台化的治理理念和治理逻辑，全面、系统地优化政府部门结构、提升政治能力，强调以破解影响经济社会发展的体制机制问题为目标的平台技术应用和创新。具体来说，它关注政府如何理解平台化概念、如何参与平台化建设，以及如何利用数字化平台及其应用生态来推动治理能力现代化，使政府从单一的政务信息生产者、储存者和发布者，转型为社会公共信息和智慧服务的综合枢纽或"中台"。

与之相似，西方国家的学界和业界提出了"政府即平台"（Government as a platform, GaaP）的概念，突出以互联互通、流程简化、集体协作、数据共享等特点和方式来解决政府面对的治理难题。❷例如，"政府即平台"模式在爱沙尼亚大获成功，这被归结为"开放、简单、参

---

❶ DE KLOET J, POELL T, GUOHUA Z, YIU FAI, C. The platformization of Chinese society: Infrastructure, governance, and practice [J]. Chinese Journal of Communication, 2019, 12（3）: 249-256.

❷ JANSSEN M, ESTEVEZ E. Lean government and platform-based governance—Doing more with less [J]. Government Information Quarterly, 2013（30）: S1-S8.

与和政府以身作则"的结果,它最终呈现出了一个政府集中驱动、高度理性化、数据高效利用的治理模式。❶2018年8月,国际咨询公司埃森哲(Accenture)发布了"政府即平台"准备度指数(GaaP Readiness Index),从"政府变革和创新的思维方式""公共服务提供的创新方式""促进经济发展的程度"以及"技术基础设施和监管条件的坚实程度"四个方面,对全球十个国家的政府平台发展程度进行了评估,并认定新加坡是该模式目前发展最为成熟的国家,英国和美国分列第二名和第三名。但是,即便是排在第一位的新加坡,得分也仅为72.2(满分为100),这表明在世界范围内,"政府即平台"的治理模式还有很大的提升空间。❷

不难看出,目前国内外对于数字化平台和政府治理的很多层面都进行了有益的思考和研究,但国内研究更集中于国家对平台的规制,即国家针对超级互联网平台的监管(如反垄断),以及国家权力与技术资本所形成的新的利益联盟,和由此达成的政商协同治理的合法性论述。对国家自身的治理和传播机制变化的讨论仍然较少,缺乏实证案例,不足以分析历史脉络,总结最新的发展特点和在地化实践动态。国外研究则主要基于西方视野下的实证调研,其关注重点在平台的商业基因、政治倾向和对公共性的潜在风险,其研究较多考察平台对用户的规制,即互联网公司对平台用户的管理和规范,在非西方社

---

❶ MARGETTS H, NAUMANN A. Government as a platform: What can Estonia show the world [R]. Oxford: University of Oxford, 2017.
❷ 杜超, 赵雪娇. 基于"政府即平台"发展趋势的政府大数据平台建设[J]. 中国行政管理, 2018(12): 146-148.

会情境下的平台化动态和政府治理举措方面着墨不多。❶

那么，在技术层面，如何理解我国的智能数字平台建设？在治理层面，我国智慧社区建设中呈现出了哪些特点？这又为基层治理带来了哪些新议题？围绕上述问题，本章在总结提炼过往学术研究、政府和企业报告、新闻报道等各类灰色文献的基础上，围绕"平台化治理"概念，基于当下的实践案例，对话既往理论思考，尝试展现中国平台化治理模式的特殊性和本土化、在地化经验，以期充实全球背景下的平台化治理研究，帮助拓展发展中国家人工智能技术和治理同步发展的想象空间。

智能数字平台：以"城市大脑""社区微脑"为例

"城市大脑"概念最早是基于阿里巴巴集团提出的交通大脑的设想发展延伸而来的，其初衷是利用城市路网、车辆、个人出行等多种类别实时数据的搜集和贯通，来帮助化解长期困扰杭州市的交通拥堵问题。2016年4月，阿里巴巴集团技术委员会主席王坚在杭州云栖小镇"5G车联网"示范项目的一次发言中指出，智慧城市的核心在于中枢的存在："一个城市没有'大脑'怎么能变得有智慧呢？"❷智能数字平台强调要用实时数据、云计算、机器智能为城市交通治理、公共

---

❶ DIJCK J, NIEBORG D, POELL T. Reframing platform power [J]. Internet Policy Review, 2019, 8（2）: 1-18.
❷ 王坚. "城市大脑"将成为城市的基础设施 [EB/OL]. （2017-09-27）[2022-05-10]. https://www.alibabanews.com/wangjian-chengshidanao-jiangchengweichengshidejichusheshi/.

安全、应急管理、网格防控、医疗卫生、旅游、环境保护、城市精细化管理等构建人工智能中枢，推动建设并打通各类城市数字化管理平台，利用实时、全量的城市数据，即时修正运行短板，优化城市公共资源，实现城市治理模式、服务模式和数字产业发展的高质量突破，成为支撑未来城市可持续发展的新基建设施。

事实上，以国际商业机器公司（IBM）、思科（Cisco）等科技巨头为代表的西方业界比我国更早地关注智慧城市设计和架构，并从20世纪90年代开始，便有意识地借助现代通信技术和互联网技术，尝试突破传统社区的围墙，建立无所不入的网络世界，把对社区居民的服务纳入系统化、网络化的互联网服务体系之中。❶这一工具化理念在很大程度上影响了我国部分城市对未来规划的思考，使其发展现状和走向呈现出"算法化城市主义"（algorithmic urbanism）的特质，即城市发展范式建立在纯粹理性的基础上。❷然而，"技术即工具"的理念框架不同于"城市大脑"的设定，后者的新颖之处在于其突破了将技术作为"外部"工具应用于社会的二元分割理念，而是趋向于真实模拟人类大脑神经元的运作方式，尝试将社会要素（如人、车、物的流动）和自然环境要素进行完全的数字化认知和链接，"城市大脑"会在此基础上再采用类脑神经元网络等先进手段来理解、分析和决策人工智能时代城市和社区的运作。

根据中国科学院刘锋等人的研究，"城市大脑"包括城市中枢神

---

❶ 谌宗武. 大数据时代"智慧社区"建设的现实问题及困境突破［J］. 现代商贸工业，2021，42（22）：5-6.

❷ DOUAY N. L'urbanisme à l'heure du numérique［M］. Londres: ISTE Édition, 2018.

经系统（云计算）、城市感官神经系统（物联网）、城市机动神经系统（工业4.0）和城市神经末梢系统（边缘计算），是通过城市神经元网络实现万物互联，并通过云反射弧实现城市服务智能响应的新型系统。❶ "城市大脑"的两大核心结构是信息部分采集和信息部分处理。信息采集是指在城市大规模部署传感器、摄像头以及传输网络，汇聚城市生活中的海量数据；信息处理是指引入深度学习等各类人工智能（AI）算法，输入采集的大数据来训练用于感知和决策的算法模型，并实现城市的精准管控和最优决策。❷

不难看出，此种技术架构既野心勃勃，又充满想象力，它是从技术发展的战略方向上对党的十九大报告提出的"建设网络强国、数字中国、智慧社会"的积极回应，也在实践中扮演了提升基层治理信息化、科学化、精准化的积极角色。例如，自"杭州交通大脑"于2016年在萧山区试点上线之后，凭借该区域内104个信号灯的自动配时调控，当地车辆的平均通行速度提升了15%，通行时间缩短了约3分钟，并可在紧急情况发生时，由后台调控信号灯，一路护航救援救护车辆及时抵达现场进行处置。

2018年，杭州市数据资源管理局在"交通大脑"理念和实践的基础上，牵头多个相关政府部门和企业，共同参与制定了《杭州市城市数据大脑规划》，并明确定义"城市数据大脑"是一个按照城市学

---

❶ FENG L, LIU F, SHI, Y. City brain, a new architecture of smart city based on the internet brain [R]. CSCWD, 2018.

❷ 刘涛，范毓婷. 人工智能时代智慧城市与城市大脑建设的挑战与局限性 [J]. 信息通信技术与政策，2021，47（5）：22-25.

"城市生命体"理论和"互联网+现代治理"思维，创新应用大数据、云计算、人工智能等前沿科技构建的平台型人工智能中枢[1]。不难看出，这一中枢的存在不仅依托于数据的汇集和计算，而且依赖于底层平台硬件的搭建和平台化协作方式的引入，如王坚所言："中枢系统的机制是协同，它的基础就是各个部门的系统和各个区县的平台，部门的系统做好了，才能通过中枢系统完成协同。因此，各级政府、部门一定要有自己的信息数字化系统平台。"[2]实际上，这种层层叠加的技术设计对应着基层街道和社区的各类平台建设，即所谓的"城市有'大脑'，社区有'微脑'"。"社区微脑"被认为是"城市大脑"更为"接地气"的落地方案，是与普通居民日常生活更为息息相关的存在。微脑平台注重小功能、轻应用的开发和加载，以此来响应居民的在地化需求。

目前，许多地区的"社区微脑"都致力于通过一个平台完成集约式的服务提供，围绕智能门禁、出入口人脸识别、物业服务、资产管理、社区商业、硬件设备管理等方面，达到后台监督、消息上报、自动响应、线下服务的一体化治理模式。疫情期间，"社区微脑"利用人脸识别系统、智能门锁、24小时视频监控等设备，通过对居家观察人员进行开门信息比对，检查视频监控点情况等技术手段，形成了一套问题发现、上报、处置、反馈、报结的闭环回路，帮助基层社工提

---

[1] 张丽华. 杭州发布全国首个城市数据大脑规划[EB/OL]. 杭州日报.（2018-05-16）[2022-05-07]. https://zjnews.zjol.com.cn/zjnews/hznews/201805/t20180516_7277314_ext.shtml.
[2] 阿里云. "城市大脑"的18个智慧解决方案［EB/OL］.（2020-10-15）[2022-05-12]. http://www.cbdio.com/BigData/2020-10/15/content_6160888.htm.

升了疫情防控工作效率。

可以说，平台在某种程度上优化了基层政府与居民的互动方式，打开了传统上事后处理、人情夹杂的治理空间。平台中介化和扁平化的架构，使普通民众也掌握了更多的话语权和参与权，赋予了平台这一技术理念和实践在新治理结构中更高的地位和权力。然而，平台的成功和被推崇不仅仅依赖于技术层面数据的开发和融通——尽管这目前可通过应用程序接口（Application Programming Interface, API）等技术手段较为容易地实现，但其还需要理念和制度的协同转变，即转向互联互通的思维和扁平化的治理形态。后者的实现往往掣肘于社会各方利益主体的复杂关系和互动，需要较长的时间周期，难以一蹴而就。目前，我国智慧城市、智慧社区建设历经五六年的政策设计、试点建设、行业聚力和社会关注，也依然没有完全摆脱"技术落后论""制度掣肘论"和"社会脱节论"的质疑。[1]其中，有关技术、商业资本等会给城市和社区改造更新带来潜在危害的批判时有出现——隐私安全、数据保护、算法黑箱等隐患已成为当下的热门话题。

一方面，平台逻辑试图使城市系统和生活其中的独立个体均成为可分割的样本，将其行动、活动等通通简化为数据，尽管这在某种程度上提升了行政管理、生产和生活的效率，但同时忽略了由情感、情绪、心理活动驱动下的社会运行的复杂程度，不断压缩着传统人际交往给社区公共生活带来的活力。传统社区公共空间的存在，曾经扮演着平

---

[1] 王迪. 智慧社区发展的未来趋势：从设计本位到生活本位 [J]. 福建论坛：人文社会科学版，2020（8）：92-102.

台的角色，为人际交往建立广泛的信任机制提供了有效桥梁。人际接触培养出了社区居民对彼此的好感和默契度，这是社区活力和文化繁荣的重要体现。如今，智能治理平台的应用节省了许多人力资源，但社区中人际联络日渐淡化，人际交往日渐淡漠，似乎所有事情都可以借助机器来完成。人工智能所允诺的"解决一切麻烦"的世界，正诱使人们将原本需要亲历体验的社会过程"嫁接"到自动化系统中，而这种自动化举措背后隐藏的"去社会化"风险却并未被大多数居民了解。❶

另一方面，平台数据的处理和使用过程并不透明，数以千亿级的海量数据仅被少数平台科技公司掌握，今天，人们对于哪些私人数据被收集，谁拥有这些数据以及如何利用这些数据几乎一无所知，也没有任何控制权。❷互联网、智能手机、社区监控摄像头等会在居民不知情，甚至未授权的情况下获取各种数据信息：手机用户每次使用时的地理定位、消费记录、网页搜索等数据，都会被后台所记录并用于"供养"平台数据库的集成和算法模型的构建。平台企业依据不同的数据集和算法模型来定制新产品，以满足商业竞争中获取优势及最大化自身利益的需求。❸智能治理平台的广泛运用，必须建立在数据量的基础之上，而这又必然导致其对个人数据的无止境的索求。因此，当

---

❶ 曹钺，陈彦蓉.城市空间中的智能化治理风险——以城市大脑为例 [J]. 学习与实践，2020（8）：64-71.

❷ DANIEL J S. 'I've Got Nothing to Hide' and Other Misunderstandings of Privacy [J]. San Diego Law Review, 2007（44）：745.

❸ 界面文化. 从全景监狱到水滴直播：监控系统是如何层层渗入了我们的日常生活 [EB/OL]. （2017-12-21）[2022-05-15]. https://m.jiemian.com/article/1821766.html.

前这一矛盾需要我们超越对技术至上路线的推崇，超越对自上而下的系统引导的依赖，用"建构长于批判"的务实态度来寻求"自下而上的创变"——有效地将地方情境、实践与经验，和生活本位、人文主义的理念相结合，拓展平台逻辑和路径的想象力，回归技术造福城市社区生活的真本位。

二、社区案例

如前所述，社区是城市的基础，智慧社区的"中脑""微脑"建设也是"城市大脑"的缩影。尽管争议仍然存在，但以智能数字平台建设为核心的一些智慧社区案例依然值得深入剖析。了解其趋向平台化治理模式的前期基础，当下的发展成效以及未来的改进空间，有助于充实我国本土化背景下智慧社区治理模式创新的讨论。因此，本部分将以杭州市萧山区宁围街道"宁聚蓝"平台和上海市杨浦区控江路街道社会智慧平台建设为例，梳理当地社区发展情况，剖析推动智慧平台建设背后的缘由，以期更加全面地呈现和总结平台化治理模式的成效和经验。

（一）基本情况

杭州市萧山区宁围街道和上海市杨浦区控江路街道

杭州市萧山宁围街道地处萧山区北大门，西接滨江区，北临钱塘江，与钱江新城隔江相望，是"昨天的峰会主会场，今天的城市新中心，明天的亚运主阵地"。该区域占地62.58平方千米，下辖14个村（社区），户籍人口约3.4万，实际常住人口超10万，注册工商企业2739家。作为未来杭州发展的"核心要塞"之一，宁围街道借力"大湾区建设""拥江发展""三化融合"等多重利好条件，加速推动城镇化进程，带来了颇为庞大的流动人口数量，以及更新迭代较快的产业集群，当地正处于"农村变城市、农民变市民"的转型过渡期。

上海市杨浦区控江路街道地处中心城区，是较为成熟、饱和的居住型社区。该街道占地面积2.15平方千米，居住着约10万人，共计约3.2万户，居住密度约为每平方千米5万人。目前，控江路街道内下辖的社区都已基本实现了基础性公共服务的全覆盖，并作为杨浦区打造物联网"社区大脑"的试点，率先开展了基于广电网络的新型物联网应用实践。当地正处于向以智能化为牵引，以市场化、协同化、标准化为支撑的社区治理精细化模式转变的过程中。

智能数字平台建设的背景

总体上看，伴随着城镇化的快速推进和迭代升级，当代社区治理和发展面临着前所未有的困境和挑战，"以技术促转型""以技术促更新"等呼吁的出现恰恰是建立在社区再发展难以突破原有体制机制的困难之上。这些困难具体包括以下几点。

第一，社区治理体制机制不够完善，多部门、多主体协作不力是长期困扰各个基层社区更新改造的根源。一方面，社区治理所涉及的内容、面向和维度较为多元、复杂，且基本都关乎社区百姓的切实需要，这往往需要不同政府部门的共同参与。但是，在社区治理和民生服务的现实场景中，不同政府部门的沟通互动行为和主体协作意识较为薄弱。因此，推动社区治理现代化建设迫切需要大格局、大统筹，更需要多部门的联动协作，形成合力，切实解决社区治理的老大难问题。另一方面，条块力量统筹不够。在基层社区，除党组织、居委会和服务站工作人员之外，还有街巷长、网格员、协管员、志愿组织等各类队伍和基层工作人员，尽管参与群体不少，但往往各自工作浮于表面，不同力量各自为战，群体间能力水平差异较大。这对提升基层社区治理和服务反而产生了伤害。

第二，社区基层组织行政化严重，基础性主体功能缺失。一方面，社区居委会行政化作风严重。社区居委会所承载的各行政部门下沉的社区工作事项较为繁重，但其需要对接的各行政部门的可用资源和服务力量却存在"上悬"问题，即上级部门缺少对社区工作的专业指导和具体支持。长此以往，社区基层组织事务繁杂、权责失衡、自治与服务效率较低等现象突出，这一直是居民诟病的焦点。另一方面，许多社区规模划分不科学，难以提供精准化的公共服务。例如，某些社区规模的划分较为随意，科学性不够，治理规模和配备的治理人员不匹配，加大了治理难度。同时，随着居民群众日益增多的个性化需求的增强，许多社区资源的配置、社区管控能力均无法与之相适应。例如，绝大部分社区服务站的服务量较少，服务站的存在沦为摆设，而居民中老年群体的公共娱乐需求、孩童托幼等本可通过社区服务站等公共职能解决的问题，反而得不到满足，造成人力资源和服务场所的浪费，更不必说社区"前置考虑"的主动服务或上门服务更是大量缺失，造成了居民满意度较低和获得感较弱等问题。

具体到案例中的杭州市宁围街道和上海市控江路街道社区，上述问题也屡见不鲜。例如，前者辖区内新建小区极多，导致人员聚集、出租房数量不断增多。由此引发的消防安全隐患与日俱增，市容秩序较差，治安、维稳压力也很重。然而，原本的社区治理体系同样面临着部门数据存在壁垒、人员力量分散、治理方式单一等问题，导致资源投入重复、信息流转不畅、行动效率不高、现实成效不明。至于控江路街道，其辖区内的小区也大多陷于公共设施陈旧、物业管理无序、街区经营杂乱、居民关系陌生疏离、来沪人员社区融入低、白领的社区公共生活少的窘境之中，这很大程度上是国内各个地方老旧小区的通病。

对此，上述两个街道不约而同地向技术求助，希冀通过搭建智慧治理引擎提升自身的治理效能，这些工作包括：利用智能数字平台集合各类社区资源和数据，利用平台的延展性和包容性搭建公共服务、党建、物业、志愿服务等多类型的应用模块，利用平台的中介性与社区内人、车、物流的实时情况进行互动，从而切实促进互联网信息技术与社区管理体系的融合和自身治理方式的改变。

"宁聚蓝"平台和控江路街道社会智慧平台

就宁围街道的"宁聚蓝"智慧治理平台而言，技术先进、平台间协同性好、治理事项多元是其突出特点。多技术融合提升了平台的运行感知力和资源配置力。平台的可持续运作离不开各类软硬件技术的配合，否则，智慧平台常会沦为仅能可视化的"花架子"。对此，"宁聚蓝"平台引入物联网、人工智能、大数据、增强现实（AR）、虚拟现实（VR）等先进技术，全面接入各小区内消防烟感、水压监测、门禁、视频探头、智能充电桩、河道水质等智能监测设备，以及住户App和社工网格员巡查单兵设备等多种多样的感知接口，连通消防报警感知设备46066个、消防水源感知设备1250个、智能充电桩设备350个、人工智能球机20个、高空增强现实全景可视化探头10个。

这些软硬件有效覆盖了宁围街道的各个角落。平台的硬件设备具备较强的自动化感知能力，能够实时捕捉沿线社区和街道的风貌，自动抓取社区违章停车、商铺占道经营等不良行为，并第一时间流转至平台后端供工作人员处置。此外，平台通过汇聚物联感知、空间地理信息、业务应用等各种数据，可以有效提升算法模型的精准度，使街道的资源被配置到相宜的地方，切实地促进街道管理决策水平的提高。据统计，自2019年8月份"宁聚蓝"平台试运行至今，平台共计受理各类事件77185起，其中网格采集61621起，自动识别11570起，各类联动4984起，办结率为100%。[1] 这不仅使基层工作量减少近50%，一线人工执法时长缩减65%，小区火灾发生数同比下降21.4%，而且还帮助社工、网格员等基层工作人员得以力有所及地深入社区居民中倾听意见，了解心声，达成对社区状况定期而全面的理解的目标。

多平台互通和场景化应用实现了单一平台和多治理主体的联动。

---

[1] 萧美镇. 美丽城镇看萧山：宁围美镇聚焦治理美 "宁聚蓝"平台获评国家典型案例[EB/OL].浙江在线.（2021-04-29）[2022-05-07]. https://town.zjol.com.cn/czjsb/202104/t20210429_22461544.shtml.

"宁聚蓝"平台不但打通了与区级"城市大脑"平台和浙江省级政法委搭建的基层治理四大平台的衔接,而且与萧山区政法委、公安分局、消防大队、城管执法局、五水共治办、垃圾分类办等多个部门的政务视联网、公安视频专网数据做到了有效融合(见图1)。在此基础上,"宁聚蓝"平台围绕本街道内社区特点(比如外来人口多、企业多、高校多的现实情况),尝试开辟了"志愿者""钉钉房东联盟""居友家"等模块,得以广泛触达街道内辖区出租房租客、企业员工、普通市民等群体,有针对性地解决本地社区面临的独特痛点、难点问题。

图1 "宁聚蓝"智慧治理平台

上海市杨浦区控江路街道智慧社区平台[1]

与"宁聚蓝"平台相似,控江路街道的智慧社区平台同样青睐一体化、协同化、本地化的理念,尝试使技术成为优良公共服务生活和管理水平的重要组成部分。

一方面,控江路街道以大数据、人工智能技术为依托,建设自动研判、自动处置的"社区大脑"。如前所述,对智能数字平台而言,传感器就像神经元末梢,能够对社区进行全方位泛感知,将数据传递至"社区大脑",同时发现数据异常并自动报警。除了与在地传感设备的融合,控江路街道的"社区大脑"还实现了与上海市公安局大数据的对接,能将自身观测到的异常现象传输到上海市公安局大数据库,与过往数据进行对比、分析。"社区大脑"像一个不知疲倦的调度员,还可把报警信息及时派单给有责单位。例如,社区近2000扇防盗门中,哪一扇在一定时间内没有关闭,门锁感知设备便会把报警信息派单给当地居委会的综合治理平台;近8000个烟感传感器中,哪一个烟雾浓度超标,或温感传感器发觉有明火,也会自动报告给消防部门进行查验。

另一方面,控江路街道充分发挥平台的互联互通性,刺激多部门协同力度的提高。控江路街道大胆尝试了多种协同举措。街道办事处先后40余次组织派出所、市场监督管理局、住房和城乡建设委员会等派驻机构分析"12345市民投诉热线""110报警热线"及各执法部门

---

[1] 张锋. 以智能化助推城市社区治理精细化研究——基于上海杨浦区控江路街道的实证分析[J]. 城市发展研究, 2019, 26 (3): 6-9.

提出的突出问题，并组织相关研究机构提供智能化解决方案。例如，针对独居老人，街道办事处组织技术企业等相关方开展座谈，商讨研发床垫感应设备。从项目最终实施效果来看，床垫感应设备提高了平台在线医生的工作效率和有效性，得到了老人家属的认可和好评。同时，控江路街道结合网格化管理的现有流程，融合公共安全、公共管理和公共服务的需求，形成了适宜自身需求的体系化智能监测配置。例如，在居民封闭小区形成进出小区"四件套"（人脸识别高清探头、人体红外感应计数提示器、机动车进出控制和智慧大屏）、进出楼道"三件套"（门磁监控、二维码开门、电子巡更系统）和进出家庭"3+N套"（红外感应、煤气泄漏报警、独居老人生命探测器等），来确保社区对社情更加全面地把握。最后，控江路街道善于强强联合，以他人之长补己之短。在政府侧，街道办事处极力推进网格管理中心和综合治理中心的体制机制整合，形成可与派出所监控室联动的综合管理中心，实现"12345市民投诉热线"与"110报警热线"的有效对接，并借助"平安控江""城市直通车"等微信群，实现警力的精准投放、非警务活动的有效分流以及联动联勤。在市场侧，街道办事处组织相关科研单位开发智能化产品、挖掘大数据潜力，再通过政府与社会资本合作模式来鼓励相关企业市场化运作新产品、共享收益，从而推动了自身数字化改造以及数字平台项目建设的增速提质，一定程度上弥补了政府无法完全覆盖公共服务的不足，节省了财务开支，为居民需求与企业服务的有效对接搭建了可信的中介桥梁。

（二）借鉴与启示

作为一种新型治理理念和举措，"平台化治理"既具有很强的赋能动能，也充满了过渡性和不确定性。不管是杭州市的"宁聚蓝"平台还是上海市控江街道的"社区大脑"，其成功都源自对数字平台及其关联技术的充分理解和合理运用，并在此基础上考虑了如何将平台化手段嵌入自身社区特定的需求之中。然而，两地的数字平台，对居民生产生活、心理行为、话语体系、基层管理方式、政民关系等，到底带来了哪些深刻影响，依然缺乏系统性的观察和讨论。我们需要长期关注智慧社区、智慧城市建设的阶段性成果，保持对有关变化的敏感性并加以记录，寻求技术大发展与社区新趋势间的微妙关联，在未来致力于二者更好地交融和共生。

智慧服务篇

探索具有中国特色的"以人为本"方案

我国智慧城市和社区的出现，源于新时代"以人为本"的公共服务理念，是政府和公众对"善治"的追求在人工智能时代的缩影。随着智能数字平台、云计算、物联网等先进技术成为当下维系我国生产生活、消费运转的基础设施，以社区治理为代表的基层治理理念和体系也逐步向"平台本位"转型。在价值上，基层政府以更包容、更平等的心态调试其与居民和商业主体间的治理弹性，创造更加开放的"一元多治"治理生态；在行动上，基层政府更加注重对有利于互联互通、协同参与、多元融合的数字技术的运用，激发社区公共服务能力、公共空间活力、个体主体性，持续探索最新技术赋能社区服务的潜力。

本篇以基层政府在智慧社区的公共服务领域的两个实践为例，以平台逻辑引领公共服务提升和协同治理体系设计为主线，剖析基层政府在城市和社区治理中对"智能""智慧"等倡议的设想，考察基层社区服务中最新的科技应用，提炼智慧社区建设发展中涌现的新型服务模式和主要特征，为理解具有中国特色的公共服务内涵提供参考，为全球范围内应对智慧服务议题带来中国方案的思想与实践启迪。

第二章

从"造房子"向"造未来"的转变

一、技术与服务：对"智慧""未来"等概念的现有思考和问题呈现

整体上看，随着我国城市化的逐步推进，城市常住人口比例显著增长。根据国家统计局发布的《2021年国民经济和社会发展统计公报》显示，2021年末，我国常住人口城镇化率为64.72%，已经步入城镇化较快发展的中期。各大中城市的主城区基本都建成了相对成熟的小区，实行街居制的管理模式，拥有较为明确的居住空间和生活边界。社区不仅是居民生活共同体的基本单元，也是国家实施行政管理、提供公共服务的末梢。

具体来看，近十年间，大数据、云计算、人工智能、区块链等新一代信息技术的快速发展和广泛应用，在提高人们工作、消费的信息化和智能化程度，催生出大量新型商业模式的同时，也使得最基本的日常生活方式和社区服务模式发生着转变。例如，以搜集和掌握社区基本的人、车、物流数据为核心的社区智能服务平台，以数据化、算法化的手段重塑着特定场景下居民与基层政府的交往形态，以大量中介化的传播平台替代了传统的人际沟通，引发了更多事前应对、积极作为的服务举措，使得在地化的政商关系、政民关系、行为伦理等方面呈现出的图景和运行机制长期处于动态转型过程中。对此，近年来学界和业界做出了颇有启发的研究与反思，其中，以"系统性工程""技术包容性"和"共同体精神"三种理论路径最为突出。

"系统性工程"理论将智慧服务造福社区居民的价值和潜能主要归因于整体性、跨学科的方法和应用协同。智慧社区不仅是物联设备、大数据、智能平台等软硬件统筹的重要现实场景，涉及上述技术间专业性的协调，在应用中，建设者更需要考量基层政府技术投入成本、与当地场景的适配性、后期技术融入的可持续性等现实情况。这一理论认为，技术与社区服务结合的难点在于，智慧社区的建设既需要强大的技术硬实力和足够的资本，还需要考虑政府规划的合理性、社区居民的认可度和配合度等一连串问题。例如，作为"微缩版"的智慧城市，在智慧社区中，前端相机、后端平台、数据存储、人脸识别、车辆识别、大数据碰撞、物联网、智能楼宇等智慧城市的软硬件设备元素就一样不少，整体上的社区规划和建设复杂度伴随着参与社区治理的主体增多、需求增多、项目增多等而呈指数级增长。❶

"系统性工程"的理论观点目前较受青睐，具有较强的解释力。正因如此，许多地区的社区建设偏爱平台建设，他们看重的正是平台的集约性和延展性，能够较好地试验系统中各模块联动的效果。比如，针对社区内各项设施和服务的整合，智慧社区平台通过分析和研

---

❶ Alter聊IT. 智慧社区陷入了"七年之痒"的烦恼? [EB/OL]. (2021-05-27) [2022-05-16]. https://www.ofweek.com/smartcity/2021/05/ART-201819-8500-30500597.html.

判能源、交通、水电交通管网、治安、医疗、零售、教育、娱乐等各类基础设施和服务商提供的信息，寻求不同数据间的相关性，了解公共服务供给与居民便利性需求之间的匹配情况，并将结果告知各类公共服务机构和社区服务供应商等参与主体，实现需求响应和定制化服务供给。平台的优势在于能够更有效地利用跨部门、跨领域的数据信息，从而避免传统社区服务碎片化的问题，平台映射出的逻辑即是信息、数据、模型、参与主体、服务场景融合的新范式，其试图从单一技术设备和应用模块的智能化拓展到协同化，促使智慧社区从量变走向质变。

"技术包容性"理论主要指出了两方面的问题。一是技术赋能社区公共服务时的"区别对待"，即对老年人、残疾人、流动农民工等边缘群体的特殊需求和其技术适应性考虑较少，对提供无差别服务、化解数字鸿沟等问题的重视不够。[1]二是对唯技术论的警惕，即将平台建设等技术应用和更新等同于公共服务体系变革，为了智能化而智能化，使技术手段的存在成为建设智慧社区的最终目的。实际上，"技术包容性"理论的问题在过去的传统社区治理中即已存在，人工智能时代更为先进的智慧化条件只是放大了对技术的一味推崇，进一步压缩了无法或难以适应技术发展群体的生存空间，使普通公众不自主地陷入过于依赖数据、困于算法系统——比如被动地接受相应的App推送或服务——的怪圈，令其一定程度上失去了个体创造性和主体性。[2]

---

[1] 腾讯研究院. 未来城市：数字时代的城市竞争力重塑［EB/OL］.（2022-04-19）[2022-05-16］. https://mp.weixin.qq.com/s/rzqI0UyQe3wWhQyZTJdMig.

[2] 邢宇宙. 重大公共危机背景下城市社区治理智慧化的思考［J］. 团结，2021（3）：47-49.

要看到，提供优质的社区公共服务是智慧社区建设的核心目标之一，尽管技术有自身的目标和运行逻辑，但基层政府要在技术逻辑、制度逻辑、商业逻辑、社会生活逻辑、个体逻辑之中抓准重点，实现更具包容性和韧性的社区建设。

"共同体精神"理论则继承了社区发展研究的一贯脉络，暗含了技术推动下的现代社会提升了对群体离散、个体化过渡发展的风险判断，侧重探讨"消逝的共同体""保存的共同体""解放的共同体"等概念。不少学界、业界人士认为，未来社区智慧化治理应以"共同体精神"为基础，即智慧社区的生命力离不开社区共同体认同感与团结精神的凝聚。[1,2] "共同体精神"理论指出，以平台为代表的新一代信息技术的应用也需要来自社区生活本身的反向赋能，即信息技术的智慧化往往流于形式化的工具利用，如通过信息输入、人机对话交流、模拟仿真、人工智能机器替代人工等实现效率变革，而对未来社区的可持续发展而言，智慧化更多地体现在其思想层面的解放性力量，发挥地域共同体观念、公共空间集体性、社会活动参与度等社会赋能的作用，找回社会本位、激发社会活力，使未来社区走出社区治理中陌生人情境与服务碎片化的困境，改善社区治理在技术、资本、管理等非社会逻辑支配下的"被动型"智慧建设现状。[3]

---

[1] 王小强. 大数据推进社区治理和服务创新的路径 [J]. 人民论坛，2021（12）：76-78.
[2] 中国财经. 全国政协委员欧宗荣：着力打造"现代智慧社区"构建社区治理共同体 [EB/OL].（2020-05-21）[2022-05-17]. http://finance.china.com.cn/news/special/lianghui2020/20200521/5278521.shtml.
[3] 徐珣，雪宇星. 未来社区智慧化治理的城区探索 [J]. 杭州，2020（24）：44-45.

二、探讨"技术与服务"的历史演进过程

早在21世纪初,来自城市学、人文地理学、计算机科学、社会学等不同领域的学者均对人工智能技术和基层公共服务的关系演进做出了卓有成效的探讨。史蒂芬·布勒多恩(Stephan Bloehdorn)等人指出,社区生命周期的每一阶段都离不开信息技术的支持;查贝尔·奥恩(Charbel Aoun)则认为,人工智能技术和基层公共服务间存在着正向关联,即随着信息技术的蓬勃发展,社区公共服务的智能化水平也会提高,而每个社区智能化水平的叠加增长势必会对智慧城市的形成带来积极的影响,甚至是质变;此外,智慧技术使用的合理性、如何做到因地制宜等经验也被认为是社区能够成功转变为更加智能、宜居且可持续化的居住生态的关键因素。[1,2,3]

与之相对,在依靠技术完善公共服务水平的业界概念中,美国国际商业机器公司于2008年提出的"智慧地球""智慧城市"的理念最为深入人心。该规划的核心就是致力于实现日常生活中的智能化、互联化和感知化,以开拓性技术帮助政府实现社区内公共服务基础设施的现代化是国际商业机器公司一直关心的焦点。[4]这些公共服务基础

---

[1] BLOEHDORN S, HAASE P, HEFKE M, et al. Intelligent community lifecycle support [J]. International Journal of Innovation and Regional Development, 2009(4): 34-36.

[2] CHARBEL A. The Smart City Cornerstone: Urban Efficiency [J]. Schneider Electric, 2013 (7): 1-13.

[3] TONA M, EFFING R, KWAST J. Smart City Participation: Dream or Reality? A Comparison of Participatory Strategies from Hamburg, Berlin & Enschede: Digital Nations-Smart Cities(IEA/AIE)[C]. Innovation and Sustainability, 2017: 19-21.

[4] 王喜富,陈肖然. 智慧社区——物联网时代的未来家园 [M]. 北京: 电子工业出版社, 2015.

设施的开发和建设集中于智慧楼宇、智慧交通等普通居民使用频率较高、较为普通的技术，能满足绝大多数社区用户的日常活动正常进行，同时也强调与本地人文社会特色相结合的基础架构的建设。从全球范围看，相关设施建设的成功案例并不鲜见，以美国、新加坡、日本的智慧社区服务系统实例较有代表性。例如，早在1999年，微软（Microsoft）公司就曾发布"维纳斯计划"（Microsoft Venus），即通过电脑来控制家庭中的电话、电视等设备；随后TCL等公司又提出了"女娲计划"，它与"维纳斯计划"在实质上内涵相近，强调通过运用电视来控制家居设备。在美国迪比克市，微软公司于2008年左右启动的"未来城市"（City Next）计划以自身云计算方面的技术优势架设了智慧社区数据服务中心，居民可以通过访问该数据中心获取所有的公共服务数据，以此满足社区自治，充分发挥社区民主的作用。新加坡分阶段提出的"智慧国2015""智慧国2025"计划，帮助新加坡建成了世界上首个"智慧国"。作为"智慧国"，新加坡的智慧社区即为最小的智慧单元，配备了由电子商务、电子政务、社区医疗、社区文娱四部分组成的社区服务平台，以保障政府主导和居民高度自治相结合的社区治理模式，使政府、区域自治组织、社会部门及社区民间组织均可较为平等地参与到社区服务之中。同样，日本智慧社区通过电子商务、电子政务、物流信息、家政服务、医疗卫生五大板块构建了与新加坡极为类似的社区服务平台，满足了社区中各类行动者广泛参与和协商的需求，富有实效地提升了社区服务水平。

与国外相比，我国社区的智慧化转向出现较晚。随着近十年来政府自上而下大力推进智慧社区建设，以及我国互联网产业、数字经济的飞速发展，国内社区的智慧化改造及转变才开始有了一定程度的飞跃，智能化、数字化程度不断加深。其中，对技术和服务的认知主要包括技术设计论、社会脱节论和多元主体论三个方面。

在技术设计论层面，不少学者自2013年左右便着眼于智慧社区信息化平台、物联网的架构模式，提出新型智慧社区应该有效结合互联网平台，并运用现有的物联网架构，将用户、社区的物联网感知层和智慧服务连接起来，使得居民、政府、设备三方可以进行多种形式的信息交互，从而实现更高效的社区服务。❶还有部分学者在此基础上分析了物联网架构的基本建设需求，提出了一种基于不同社区实际需求的物联网架构模式，并在一些疗养院进行实地建设，验证了其因地制宜架构设计的思想。❷街道社区可在对居民日常需求进行归纳总结的基础上开展设计，并以此为基础建立智慧社区管理系统，其基本模块绕不开系统管理、社区信息管理、社区物业管理、智能门禁管理、社区安全联防这五个大的方面。❸近年来，随着大数据应用的深入，更具创造性的技术系统（如"数字孪生系统"）开始进入公众视野，其核心在于虚拟空间和实体空间的一一对应，让社区居民可以灵活地获取社区内以虚实空间为载体的各项服务，从而提高社区宜居水平和空间运

---

❶ 王建凯，权瑞，吴伟明. 加快智慧社区信息化平台建设推进智慧城市的发展 [J]. 办公自动化，2013（20）：8-10.

❷ 宫艳雪，武智霞，郑树泉，丁志刚. 面向智慧社区的物联网架构研究 [J]. 计算机工程与设计，2014（1）：344-349.

❸ 王洁，王春茹. 基于物联网的智慧社区管理系统的研究与设计 [J]. 山西师范大学学报，2019，33（3）：30-34.

营效率。❶

　　社会脱节论则犀利地指出了许多智慧社区"服务空心化"的现象。有学者指出，智慧社区建设不能只着眼于顶层设计，同时还要根据社区的自身特点着重处理社区内的主要矛盾，使社区服务的供给与需求真正匹配起来。❷对此，过往研究曾提出过引入"互联网+社区服务"的模式，通过互联网平台实现服务资源的最优化。❸同时，智慧社区建设要考虑到工具理性和价值理性的不可分割性，因此，在进行智慧社区公共服务时，既要重视服务自身的智慧化，同时也要注重引导人的智慧化，提升居民的数字素养和对智能设施的使用能力，尽量避免数字鸿沟等负面问题的出现。最后，作为社会治理的最小细胞，社区内住户千差万别，浓缩了社会整体的多样性和复杂性，为了实现以人为本的目标，便不能单纯从科学逻辑的标准化、理性化方式出发，而要考虑到各种"非标准化"问题的存在。对此，有学者提出，可以把交互设计的思想应用到智慧社区公共服务设计中，将交互设计提倡的复杂性思维与互联网技术相结合，能够设计出更人性化的智慧社区服务系统。❹

　　多元主体论则敏锐地看到，我国的治理模式不在西方意义上"国

---

❶ 王鹏，孔鹏. 数字人居基数背景下智慧社区建设的实践与思考 [J]. 建筑科技，2020（415）：24-26.
❷ 郑从卓，顾德道，高光耀. 我国智慧社区服务体系构建的对策研究 [J]. 科技管理研究，2013（9）：53-56.
❸ 张艳国，朱士涛. 互联网+社区服务：智慧社区服务新趋势 [J]. 江汉论坛，2017（11）：139-144.
❹ 罗翔. 基于城市独居老人的智慧社区服务系统设计研究 [J]. 设计，2019（19）：25-27.

家-市场-社会"的三元框架里,而是强调包容和调试市场与社会的空间弹性。我国的社区治理也要规避政府主导和市场主导之间的冲突与缺陷,在智慧社区的建设中,我们虽然要尽可能充分发挥市场经济的优势来提高社区服务的技术运用和智慧化水平,但同时也要正确处理政府统筹与市场调节相结合的问题,为智慧社区的治理与发展创造和谐的空间环境。[1]与技术设计论的研究展开时间类似,早在2012年,便有相关学者提出,在构建智慧社区信息服务管理系统时,政府的参与、科学研究、社会组织动员等都必不可少,仅仅依靠市场的力量来进行智慧社区治理是远远不够的,社区在政府的带领下才可以逐步实现管理引导、信息共享、服务供给、需求满足等更加融洽的社区治理体系。[2]智慧社区的治理理应使"国家-市场-社会"三方都能从中获利,因此,我们要从上述三者的行动目标和行为逻辑的角度去更加全面地规划智慧社区治理思路和解决方案。[3]

到今天,在全球智慧社区风潮和各地政策的鼓励下,我国很多地方政府将打造智慧社区、建设智慧城市视为提高城市竞争力、增加就业率的重要战略。然而,在理念上,我们可以发现人们对"智慧""智能""未来"等概念的理解仅仅是对互联网、物联网等先进信息技术的工具化利用,并在实践中形成了许多形式主义做法,即将

---

[1] 吴胜武,朱召法,吴汉元,段永华."智"聚"慧"生——海曙区智慧社区建设与运营模式初探[J]. 城市发展研究,2013(6):145-147.

[2] 王京春,高斌,类延旭等. 浅析智慧社区的相关概念及其应用实践——以北京海淀区清华园街道为例[J]. 理论导刊,2012(11):13-15.

[3] 宋煜. 社区治理视角下智慧社区的理论与实践研究[J]. 电子政务,201(6):83-90.

技术设施的存在等同于更加良好的公共服务提供，这种本末倒置、将技术应用作为目的的做法要引起足够的警惕——"智慧城市""智慧社区"的设想都是为了帮助居民更好地生活而去运用先进信息智能技术，并非为了发展现代化的技术而去研发技术。这一根本性的理念如果得不到澄清和理解，技术应用可能反而会引发社会公众的抵制和民意的反弹。

例如，有些社区一味追求最新的技术应用，忽略了社区固有的封闭环境和社区居民的习惯性选择。有些社区即便建设了智能服务平台，基层社工和网格员依然通过QQ群、微信群等"老"方式与居民保持联络，他们认为所谓的智能服务平台系统稳定性较差，也加重了居民的负担，使其不得不使用不必要的沟通方式，这反而令居民产生了厌烦情绪，不利于社区服务得到居民的认可。还有一些社区盲目跟风，倡导智能家居入户的安装应用，却缺乏对居民居住面积、住宅结构、家庭构成等要素的了解，不清楚居民在安全性、便利性、私密性等各方面的需求，这使一些居民认为，智能家居的存在反而让他们失去了对生活环境的某些体验，也并没有让他们提升生活品质或生活效率，实为鸡肋产品。[1]可见，脱离了生活尝试和经验的所谓技术应用，只能沦为纸上谈兵。现阶段，我们需要重新回到"如何让新技术成为优良生活的组成部分"这个核心议题，让居民重拾对智慧社区提供优质公共服务的期待和向往。

---

[1] 朱佳星. 国内外智慧社区发展现状及未来趋势研究 [D]. 安徽理工大学，2019.

三、社区案例

（一）基本情况

杭州市拱墅区瓜山未来社区

瓜山未来社区位于杭州市拱墅区上塘街道瓜山村，是浙江省政府推行的未来社区试点中改造更新类的创建项目（见图2）。社区内的建筑原为20世纪90年代村集体建设住宅，共涉及539户村民；改造后，社区变成了涵盖集8500间房的长租公寓、1万平方米联合办公区域、4万平方米社区商业空间，以及民宿、室内体育馆、邻里中心等多元业

图2 瓜山未来社区

态的综合性社区，总体可容纳约1.5万人。❶按瓜山未来社区的规划，社区总体的规划面积为38.44万平方米，建筑面积为34.8万平方米，直接惠及居民1620人，社区预计引进各类人才2400人，总投资11.3亿元，其中2020年计划投资1.4亿元。

不难看出，瓜山未来社区理解的"未来"愿景落脚在打造适宜年轻人生活工作的"青春"社区概念上。相应的智能设施改造成为使社区散发未来科技感，用以帮助吸引"新移民"的重要亮点，试图在留存江南乡村记忆的同时，延续运河工业的拼搏精神，将传统运河两岸的乡村社区转变为产、城、人深度融合的创新创业载体。目前，瓜山未来社区已入住的新居民大多是在拱墅区北部软件园和智慧网谷园区内工作的上班族，瓜山未来社区正逐步从曾经嘈杂繁忙的乡村，变身为如今科技感十足、时尚新潮的青年社区。

瓜山未来社区对技术赋能公共服务的实践也紧紧围绕青年群体的特殊性和独特需求展开。一方面，为了迎合青年人对方便快捷生活的追求，瓜山未来社区从社区选房入住，到家居设备的智能化，再到日常生活的线上操作，都做到了提前布局，技术加持。以租房服务为例，瓜山社区利用搭建好的瓜山未来社区App，为"不愿动、没时间跑"的年轻白领提供了定制化的匹配功能——通过点开App里的"智慧入住"菜单栏，并填写自己的性别、年龄段、入住意向、兴趣爱好等信息后，App便会自动为租房者推荐满足条件的公寓，并通过虚拟

---

❶ 蓝健玮. 长租公寓式老旧小区改造——杭州瓜山未来社区［J］. 住宅产业，2020（12）：51-54.

现实视频、线上签约等方式，实现线上参观和数字化租房的全过程。同时，瓜山未来社区App的服务功能不断延展，发挥着住户日常生活里数字管家的作用，目前，瓜山未来社区App已能够提供线上缴纳水电费、资讯活动、政策查询、在线报修、预约保洁、预约送餐、预订社区内体育健身场馆等较为多样的社区服务选项。

另一方面，瓜山未来社区对"未来感"的把握较为务实，即"有什么先用什么"，并在细节处有许多亮眼呈现。比如，为了满足年轻居民和创业者对互联网使用的高需求，瓜山社区引入了"光纤入室"的室内部署，使住户家中和商业办公场所内都可享受到千兆以上的网速支撑，极大提升了网络运行速率和住户的使用满意度。此外，在看起来极为简单的智能门锁、智慧健康体验等方面，瓜山社区也都进行了较好的尝试。比如，智能门禁引入了用户身份识别卡（SIM卡）功能，只要开通SIM卡的社区门禁权限，住户通过刷手机就能进入住所；在社区的5G健康小屋内，居民还可以通过自助健康检测设备，检测身高、体重、血压、体质指数、体温、血氧、体脂和骨密度，并将每次的记录数据上传到服务器，建立个人的专属体检档案，为下次检测提供数据对比。[1]

杭州市萧山区瓜沥七彩未来社区

与瓜山未来社区相似，瓜沥七彩未来社区位于杭州市萧山区瓜沥镇新区，也是浙江省内未来社区改造更新类试点的创建项目。相较瓜

---

[1] 张帆. 杭州瓜山：在未来社区感受便捷安全的生活［EB/OL］．（2021-09-18）［2022-05-20］． http://zj.people.com.cn/n2/2021/0918/c228592-34921514.html.

山未来社区，瓜沥七彩未来社区的地理位置更加优越，社区地处距离杭州萧山国际机场5千米之内，而且占据了杭州临空经济示范区142平方千米面积中近三分之二的空间，航空港区域的发展给瓜沥带来了更多探索的可能；另外，瓜沥镇将承接2022年杭州亚运会武术和卡巴迪赛事，因此，瓜沥七彩未来社区也享受到了亚运会带来的发展智慧交通设施红利。

作为最早运用新加坡社区规划理念先行先试的典型案例，瓜沥社区对"未来"概念的理解可以说很大程度上借鉴了新加坡"以公共交通为导向"模式（即TOD模式）中集成式邻里中心的理念，并以新加坡樟宜机场附近的淡宾尼小镇为榜样，把人的生活体验，以及数字技术迭代更新、方便快捷、一体化服务等要素作为规划设计的重要考量。❶按照该社区的规划，社区内规划面积为7.92万平方米，建筑面积为99.8万平方米，直接惠及居民9261人，社区预计引进各类人才3806人，总投资47亿元，其中2020年计划投资4.7亿元。目前，作为浙江省未来社区试点项目中唯一实现了部分智慧化场景良好运营的项目，瓜沥七彩未来社区在公共服务的智慧化投入和实践中都具有很强的代表性和示范性。

相较大多数未来社区自上而下的统筹推动，瓜沥七彩未来社区则很大程度上依赖于自下而上的全面参与，以注重投入产出比的市场化方式为主，让企业和居民发挥更大的主动性。以该社区建设的TOD

---

❶ 吕玥，张留，李攀. 七彩未来社区"未来"在哪里？[EB/OL]．（2021-04-26）[2022-05-20]．https://zjnews.zjol.com.cn/zjnews/hznews/202104/t20210426_22442847.shtml.

模式下的立体公交为例：该交通枢纽在建造之初就大胆确立"原址提升+功能混合"的综合开发模式，政府和企业均有限投资，但最终实现了多方共赢。具体而言，在原有约不到1万平方米的老旧露天公交中心地块上，通过土地混合用途出让、低效用地高效开发两项创新举措，社区内建成了约3万平方米的全新现代化交通集合枢纽；建成后，将其中面积高达6200平方米的一层无偿移交给区交投集团（公交公司）用作公交首末站；将二楼以上分区分层设置为社会车辆停车场、文化设施、运动健康设施和公益性老年健康生活馆等场所，以公共交通为纽带，为社区居民提供一站式邻里服务。同时，瓜沥七彩未来社区大力发动居民参与社区治理，并认为居民能否积极参与共建将是可持续发展的关键因素，社区将如何激活居民的内在动力列为社区长远规划的考量范围。它们通过采用电子身份证、积累线上积分、扩大公共活动空间、设置专职专人负责的公共服务团队等方式，强调向本地居民赋权，让社区中的群体和个体不论线上线下均有施展才能的平台和空间，从而使社区的未来形态成为全体居民的共同思考和想象以及他们日常生活需求的具象表达。

（二）借鉴与启示

长期以来，技术悬浮于社区公共服务过程和日常居民生活的问题一直存在，社区居民对"智慧"的感受和认知极为单薄。从瓜山未来社区和瓜沥七彩未来社区的案例中，我们不难发现，不仅要造技术，还要为居民造家园、造生活，这才是智慧社区发展的应有之义，才是政府、居民和企业共同期待的未来社区图景。我们从本章的案例中主要可以得到两方面的启发。一是采取更加务实、"有什么用什么"的态度来开启在地化的智慧服务实践。盲目追求最新科技往往会忽略技术与服务的适配性、技术本身的成熟度以及自身资金和政策的可持续性。二是敢于进行自下而上的创办,真正实现适合本社区的多方参与机制,促进多方群体受益,以促进各群体持续的创新动力。在地方政府、技术力量、智慧社区运营商、本地居民等群体之间采取协同合作的智慧化行动无疑是当下的共识,但难点在于许多社区的构建仅对此原则予以口头支持,并无实际行动来加以推进。瓜沥七彩未来社区中的融资、建设、运营等过程中采取的多种模式,此前也从未出现过,这是政府和企业双方协商讨论,甚至互相退让的结果。因此,所谓的"以人为本""人文导向"等抽象提法需要在实际的社区建设或改造过程中得到有步骤的体现,需要通过一系列切实可行的落地方案来得以实施,否则,任何技术赋能公共服务的美好畅想都会沦为空谈。

第三章

"人机交互"赋能社区服务

一、从"人际交往"向"人机交互"的转向

近十几年来,尽管智慧城市、智慧社区概念已广受热议,但人工智能技术不断更新迭代的发展使前者因始终被动追随科技进步的脚步而缺乏明确统一的定义,许多城市和社区在实践中往往热衷于"追逐"最新的技术来提升本地善治的可能。其中,人机交互的智能融合方式进入了不少社区治理者的视野,并成为互联互通时代愈发普遍的治理实践之一。的确,以人工智能为核心的各类信息技术与个人行为、组织决策、社会治理之间正在突破以人为绝对主体的传播形态和权力秩序。技术不再只是媒介,而是新的行为主体,与人类互动并产生意义,技术正逐步成为政府治理体系中全新的手段和参与主体。在2019年12月召开的全国市域社会治理现代化工作会议中,国务院也明确提到了人机交互在现代化治理中的重要性:"要发挥科技支撑作用,要推动大数据、人工智能、区块链等现代科技与市域社会治理深度融合,打造数据驱动、人机协同、跨界融合、共创分享的智能化治理新模式。"

基于此,本章将探讨学界和业界目前对人机交互在基层治理中的

相关研究，然后以杭州市的两个社区为例，介绍人机交互技术在提升社区公共服务方面的具体表现。本文的部分社区数据来源于作者在当地的田野调查，以及通过深入访谈当地社区书记、社工和来自技术公司的相关技术人员而掌握的一手资料。

杭州作为全国互联网发展最发达的城市之一，其基层治理的大胆尝试和先进性常常走在全国前列。本章中的案例之一——杭州市上城区清波街道进行的"人工智能社工"服务案例即是如此。该街道位于老城区，居民也以老年人为主，然而，在这样的老社区，却有走在智慧化前列的人工智能超级社工"小清"保驾护航——小清依托人机交互、生物神经、智能语言等技术，实现了更高精度的人机沟通和理解，结合后台大数据统计分析，为未来社区的探索提供了一份有代表性的智能解决方案，并在一定程度上提升了社工服务效率，缓解了公共服务压力，也获得了居民的认可。最后，应该看到，人机交互与人文关怀的冲突、人机交互目前的技术瓶颈，以及该技术应用于不同服务场景的文化适配性等问题，依旧困扰着基层治理者和社区民众，再次表明了先进技术的应用和赋能于基层治理不是水到渠成的，而有着漫长和复杂的社会融入过程。综上，本章试图通过分析两地社区各自的人机交互举措，评估其对当地居民生活的影响，并找出不足之处，为其他地区尝试新型科技的开创性治理实践提供一些可行的参考和建议。

"人机交互"赋能基层治理的国内外研究简述

在我国，总的来看，针对人机交互赋能基层治理的实证研究还不多见。虽然研究人机交互现象的文章不再鲜见，但多集中于计算机领域的人机交互技术探讨，目前还缺少从人机交互的生产性、文化性和风险等视角来分析其治理问题的研究。

一方面，已有的研究基本确立了"以人为本"的服务型视角。该视角关注人机互动的新技术，特别是近年来的语音助手、社交机器人、智能手环等设备，如何影响了普通民众自身的技术素养、信息获取，如何帮助拓展了基层政府与居民沟通的渠道，并如何在时间、空间和信息维度上延伸了政府与居民的互动力度。[1]例如，以社工-居民间人际传播、群体传播为主导的传统人类中心主义的交流方式，正逐渐向人机传播转换。同时，前几章所提及的智能社区服务平台也以直观、简洁的方式建立了居民与政府平台的链接和联系。

另一方面，赋权理论依然是研究人机交互逻辑下被治理主体的主要理论资源之一。有学者从"能动的弱者"的视角和权力转移的层面提升了人、机、组织关系动态的研究深度。[2]社会经济学领域的一些学者则从作为发展要素的互联网资本、连通性差异、技术红利的角度丰富了农村弱势劳动力群体如何受益于与互联网平台的互动（如依托于淘宝平台的淘宝村建设帮助农民大幅增收）的理论框架[3]。总的来看，我国的人机交互和治理研究才刚刚起步，对人机交互研究跨学科和不

---

[1] 别君华. 建设全球智能话语体系——以"文化性"与"技术性"为进路 [EB/OL]. （2020-06-08）[2022-05-20]. https://mp.weixin.qq.com/s/UnK8OWxj13vayKEujkZoew.

[2] 黄月琴. "弱者"与新媒介赋权研究——基于关系维度的述评 [J]. 新闻记者，2015（7）：28-35.

[3] 邱泽奇，张樹沁，刘世定，等. 从数字鸿沟到红利差异——互联网资本的视角 [J]. 中国社会科学，2016（10）：93-115，203-204.

断发展的性质认识不足，还没有超越当前互联网时代人对电子技术的使用和适应这一面向，没有突破人机二元对立的认知，依然将技术视为中性、被动的信息传输渠道，而非与人类可以协同共生的主体。不过，随着与最新的计算机科学理论对话的加深，相关研究的灵活性和开放性也会逐步提高。

国外学者对互联网和人机关系的思考要早于我国。以曼纽尔·卡斯特（Manuel Castells）为代表的知名学者们在很大程度上奠定了既往研究集中于政治经济学批判视角的基础和方向。该视角批判地揭露了机器应用于城市治理时的社会形态以及可能会引发的意想不到的问题。例如，里贝斯（Ribes）和杰克逊（Jackson）认为，各类人与技术互动产生的数据都不独立于构思、生产、分析、管理和存储机器的意识形态与技术人员的语境而存在。马特恩（Mattern）、莫洛佐夫（Morozov）则分别从"工具理性"和"解决主义"的概念提出，当下万物互联的可能，是基于公众行为都可通过人机互动被监测的前提假定，即复杂的社会行为可以被分解为清晰的问题，这很可能会导致治理形式的简约化、集中化，使城市管理者和公众处于更加不平等的技术权力两端。里昂（Leon）则追溯了全景式的社会监控历程，认为所谓的万物互联，实质上会追踪"游动的身体"和"数字化的人们"。

此外，随着技术的深化，西方学者提炼了多重概念，从不同角度来描述技术导向下的人、技术、治理关系。这包括：威廉姆斯（Williams）、安索普洛斯（Anthopoulos）等人提出的"数字城市"概念是指将以宽带通信等基础设施为支撑的城市变为完全互联互通的社区，从而满足政府、公众和商业间相对应的互联互通的需要；斯普劳尔（Sproul）、帕特森（Patterson）等人的"信息城市"概念则认为，人、商业组织、政府以及它们之间的社会互动都处于数字化交互网络平台上，并进一步提出把人的社交意识和社会属性纳入平台和设备的数据搜集与分析中，设想机器成为对等的传播主体后，上述三者之间关系的新可能。

在对人机关系的思考方面，计算机学科的先驱与控制理论专家显然快人一步。自1956年人工智能概念被提出以来，计算机专家们就在软硬件设备的一步步发展和实践路线中，不断更新着对人与智能计算技术间关系的认知。[1]例如，早期的交互形式通常是多位专业人才共用一台计算机，靠命令行让计算机进行各种信息处理和分析功能。此时，人们已经意识到以计算机为核心的智能技术可以有效增强人的智能，比如，帮助人类进行各种复杂的数据计算。[2]但此时的人机交互仅存在于一小部分专业精英人士与计算机之间，并未实现广泛的大众化。即便囿于初级阶段软硬件技术的发展不足，彼时的有关学者，如20世纪60年代的计算机科学家利克莱德（Licklider），也已经敏锐地认识到交互不仅仅简单指人与计算机的具体互动形态和方式，他提出了"人机共生"（man-computer symbiosis）的概念来表达人类智能和机器智能的高度融合将以无法预料的形式进行感知、识别、分析、推

---

[1] 於志文，郭斌. 人机共融智能. 中国计算机学会通讯［EB/OL］.（2017-12-21）［2022-05-23］. https://mp.weixin.qq.com/s/Y-xpt8_SOEION1PjxlHhPg.

[2] ASHBY W R. An Introduction to Cybernetics［M］. Chapman & Hall Ltd, 1961.

理、决策等人机互补又共同促进的复杂任务。❶此后，随着微软等科技企业推出个人计算机和操作系统，人机交互借鉴了普通公众对现实物理世界的认知方式，将计算机中的各类工具"图形化""比喻化""标准化"，比如，将一个个文档展示成电子屏幕中的纸张样式，回收站图标和真实的垃圾桶几乎一致，提出了"桌面隐喻"（desktop metaphor）和"纸本范式"（paper paradigm）等人机交互设计准则。❷这些概念至今仍在人机交互的过程中发挥着重要作用，但其内涵依然是以科技为中心的设计，它忽视了由此产生的群体差别、文化差异等因素的存在，对基层社会生活、生产和治理的关照更无从谈起。

二、社区案例

（一）清波街道：人工智能社工"小清"

清波街道隶属于浙江省杭州市上城区，地处上城区西部，东、东南方与小营街道、紫阳街道毗邻，南接南星街道，西南、西与西湖区西湖街道、北山街道隔湖相望，北邻湖滨街道。作为南宋定都杭州152年的皇城所在地，清波街道辖区背靠吴山，面朝西湖，被誉为城

---

❶ LICKLIDER J C R. Man-Computer Symbiosis［J］. IRE Transactions on Human Factors in Electronics, 1960（1）：4-11.
❷ 吴升知. 下一个革命性的人机交互方式会是什么？［EB/OL］.（2020-04-23）［2022-05-24］. https://mp.weixin.qq.com/s/VkLnwAZI9L950oJgQdrZTQ.

市的"会客厅"。辖区面积约2.3平方千米，下辖清波门、劳动路、清河坊、定安路、柳翠井巷5个社区。街道总人口约4.2万人，户籍人口约3.3万人，家庭户数约1.1万户。拥有柳浪闻莺、雷峰夕照等"西湖十景"中的景点，以及孔庙、碑林、凤凰寺、鼓楼堂、于谦故居等人文景观；国家4A级旅游景区清河坊历史街区、杭州核心商业街区延安路和"最美"南山路也都在街道辖区内。

很难想象，历史如此悠久的清波街道及其下辖内的社区居然成了杭州市第一处大胆启用人机对话方式——包括人工智能语音助手、人工智能社交机器人、自然语言处理等——来解决基本公共服务供给的区域。它与杭州一家本土科技企业思考者科技合作，共同打造了拟人化的人工智能社工"小清"，令其成为全年无休提供服务帮助的政策百宝箱和办事好助手。"小清"通过智能搜索和深度学习政策文件的方式，构建了有关养老政策、社会保险、企业服务等不同类别的专业知识库，使社区居民可以随时了解想要掌握的政策信息。

作为一款人工智能助手，"小清"的诞生并非偶然。它背后的科技支撑团队思考者科技公司成立于2017年，发展时间不长，但在此之前，该公司的核心员工曾在普林斯顿大学位于亚太地区的国际实验室工作过，因此，公司积攒了一定的科技基础。此外，"小清"的诞生也是逐步迭代的成果。它的前身主要应用于政务公安板块，在技术成熟度和场景应用上都得到了很好的实践，并取得了很好的效果。例如，2018年，思考者科技公司就帮助浙江嘉兴桐乡公安局研发、建设出入境咨询、预约、回访的整套体系，试图提升服务的效率和精准度；该系统投入使用后，人工替代率达到了96%，其成效在2021年桐乡举办的"世界互联网大会·乌镇峰会"的活动压力下得到了有力验证。这套系统不仅极大缓解了出入境部门的人员压力——负责出入境的实际工作人员从2018年的13个人减少到2021年的3个人，而且利用语音交互服务和可视化数据分析，使警务人员有的放矢地满足会议嘉宾和各路游客办理各类事务的服务需求。在公安板块大获成功后，思考者科技公司便将目光瞄准了智慧社区内的公共服务提供。

具体来说，"小清"上线以后，主要从两个方面较为创新地赋能清波街道的公共服务工作。首先，"小清"突破了大家对人工智能语音助手或社交机器人的传统认知，转变为统摄整个清波街道公共服务事项的智能数字平台，以街道为单位进行研发管理。如前几章所述，目前，杭州很多智慧社区的建设是以社区为单位，各社区自主管辖、研发、建设智能数字服务平台。"小清"则采用与"城市大脑+社区微脑"构想一样的方式，架构了"街道智脑+社区子脑"的系统体系。

整体来看，"小清"是一套由平台、移动社区子脑多个场景和多个端口组成的系统。整个清波街道作为街道智脑，下面所辖管的5个社区可以看作5个社区子脑；通过街道智脑的管理，社区主任和社工们可以了解到针对整个街道、社区、居民端的所有日常服务情况。在人机交互的模式方面，这套系统最初主要将语音模式作为互动的切入口，之后又吸纳了文字场景的同步应用，以能利用文字更有条理、更清楚、更具隐秘性地表达个体诉求的优势。此外，考虑到如今年轻一代更习惯用自媒体或信息流的方式去了解相关信息，"语音+文字"的方式可以弥补"小清"只存在互动功能而无法清晰、透明地同步整个服务链信息的情况，语音与文字的协同互构也更适宜不同情境下的不同服务。后台会根据居民输入的数据同步对其进行画像和归类，并利用数据可视化让社工一目了然地看到不同居民的特点和特殊需求。

多个端口则代表了一个个具象化的人工智能社工。鉴于清波街道老龄化程度较高、老年群体更倾向零距离服务、老年人数字鸿沟现象较为严重的现实情况，无论是在线语音还是文字互动的方式，显然都不完全适用。针对这样的人群基础，清波街道社区与思考者科技公司采取了多场景布置的方式，使老年人也可以更快地熟悉、亲近"小清"，更方便了老年人身边的社工、保姆、子女等群体选择合适的方式来满足老年人的需求，减轻照护压力。不论是在党群服务中心，还是小区人员较集中的公开场合，抑或是每幢楼的楼道附近，甚至部分家庭内部，都上线了实体的"小清"机器人或可视化屏幕与操作系统。例如，每个楼道下设置的"小清"可视化屏幕不仅承担了社工答疑解难的角色，同时也兼顾了安保任务，会对所有往来人员进行服务和后台记录的实时登记；在家庭端，"小清"则是24小时管家的角色，是街道智脑平台的终端入户端。目前，思考者科技公司仍试图通过语音互动的方式，让"小清"了解到老年家庭内对家庭医生、保洁需求、买菜配送、小时工照护等功能选项的需求，并自动对接第三方的服务提供商，进行有针对性的一对一服务。今后，"小清"或会利用各种传感设备来自动感知老年人所处的情境，识别并推测出他们的当下需求，从而做出更自动化、更适宜的服务推荐。

另外，清波街道的街道智脑延展出了纵向、横向两个治理维度。纵向治理是指将惠老政策、为企服务、退管办理、城市服务等社区公共服务职能划分成13个板块，街道智脑可以根据数据得知在街道和社区治理中高频的群众需求分布，并予以相应调动响应。横向治理是指通过整体的智能数字平台，街道智脑可从街道层面掌握每个社区的整体治理情况和各自侧重的服务需求，比如，有些社区的老龄化程度很高，智慧养老是其今后发力的重点，那么街道智脑这一总架构就要对此做出平台功能模块的优化升级，提升系统知识库在养老方面的数据储备，迭代更新系统架构。同时，不论是街道智脑，还是社区子脑，所有数据均可以做到即时交互——系统的即时数据传输和处理速度可以达到0.035毫秒，从人的体感和使用感上几乎实现了人机互动的实时性。

（二）善贤人家社区：人工智能"小"应用，服务"大"帮手

与清波街道相似，上塘街道内的善贤人家社区位于浙江省杭州市拱墅区沈半路91号，地处杭州市中心区域，社区总建筑面积约15000平方米，总占地面积约12000平方米，共计房屋832户。尽管善贤人家社区的老年人数量占比较大，居民对智能技术的接受程度不高，但善贤人家社区是较早开展智慧化服务实践的社区之一，其自创的"居民果果"微信小程序在提升公共服务水平、改善居民生活品质方面发挥了大作用，赢得了辖区居民群众和上级政府部门的一致认可。

然而，"居民果果"的开发和好评也并非一蹴而就的，而是善贤人家社区在智慧化探索中不断尝试的结果。据善贤人家社区的工作人员介绍，在善贤人家社区的基层服务团队中，除了在编的社区工作人员，还有一定数量的网格员来辅助管理。这些网格员不同于下城区通

常用在编社工兼任网格员的做法，而是通过区公安部门条线招聘专职的、常驻于社区内的网格员，以保证网格员的稳定性和专业性。不过，尽管从人力队伍建设方面进行了相对较好的配置，善贤人家社区的社工团队仍然无法完全满足八百多户居民日益多元化的公共服务需求。

因此，善贤人家社区很早就开始自行探索搭建社区的日常治理平台，试图用感知设备、大数据等技术来满足一定程度的数据收集和智能预警的需要，并与杭州本地的优户通技术有限公司合作开发了社区治理服务平台"数果果"，试图通过社工–平台的互动来减缓社工的工作压力（见图3）。例如，社工和网格员均配置有专用的工作手机，每天需要进行社区走访或巡查，并在全球定位系统的固定点位上报告需要处理的事件情况。当杭州整体的"城市大脑"平台开始建成并投入使用后，善贤人家社区治理服务平台也与"城市大脑"系统进行了对

图3 善贤人家社区的"数果果基层数据协同平台"

接，以获取一些自身无法追踪和捕捉到的数据。例如，在新冠肺炎疫情管控期间，社区通过"城市大脑"平台获取居民实时的健康码数据，并将健康码与居民在社区内的门禁刷卡记录相结合，再通过监控记录的回溯，确保每一个红码居民都处于居家隔离状态。

2020年，善贤人家社区又开发了针对所有业主和住户的手机端轻量级微信小程序——"居民果果"。这一服务平台由物业、业主、社区三方共同管理，在互相包容和协商的情况下，平台的运转十分高效。该平台目前整合了物业报修、社区报料、活动讲座、通知通告、办事指南及党员微心愿等十多项服务模块，并逐步根据居民意愿，添加和上线新的板块。为了将冷冰冰的平台管理做得更富人情味，该平台设置了很多趣味插图、邻里故事、生动图标，以提升与居民间的良性互动。事实上，"居民果果"推出之际也经历了一段不小的阵痛期，有些居民觉得小程序操作起来不熟悉，还有些居民认为"小区又不大，靠人管管就够了"。但在一步步推动使用的过程中，居民们开始感受到这个平台的方便，他们与社区工作人员和网格员的联动性显著提高了。居民通过"居民果果"上传的信息会在社工、物业、网格员等使用的治理端"网格果果"微信小程序上实时显示出来，并最终沉淀在社区治理平台中。尽管很大程度上居民-平台的人机互动取代了之前居民-社工的人际交流，一定程度上降低了社区中人际交往的亲密度，但不可否认，之前很多需要大量人力、物力支持的工作，现在只需社工在线上动一动手指即可完成；居民自身表达诉求的途径也更加畅通，他们可以随时随地地线上留言，从而增加了参与感与获得感。

（三）借鉴与启示

清波街道和善贤人家社区通过各自的努力，实现了更高效的人机交互，助推基层公共服务改善，但其技术改造的过程无疑也带来了不容忽视的问题。

一方面，技术能力依然制约着人机交互的精准度和有效性。根据善贤人家社区的社工们反映，由于技术精度还不够，即便目前的系统连通了多个物联感知设备，感知端的反馈却未在处理社区实际问题时起到预想的作用。人工智能识别的准确率不高，而且经常出现令人啼笑皆非的情况，比如，居民坐在躺椅上休息，系统却将其判定为居民在遛狗。此外，人机交互中的文化特殊性并不在当前机器治理的考量范围内。例如，当社区某户居民家有红白事时，平常实施人车分流的社区会允许相关车辆在地面临时停放，但技术后台往往会发出报警信号。因此，在人机交互中，社会情境下的人情和偶然性问题该如何解决？目前，上述问题不可避免地还需要依赖人力去一一分辨，再对应处理，难以起到理想的预警效果。

在清波街道，作为技术支撑方的思考者科技公司对自身的产品和技术十分自信。"小清"的核心技术支撑是多层逻辑判断和自我学习。这两者的长足发展目前仍离不开数据的不断供养，即需要提升居民与"小清"的互动频率和质量。例如，根据居民咨询问题所搭建的语音数据库，可以作为帮助"小清"进行自我学习的知识体系。然而，诚如相关技术人员所反映的，"咨询小清"板块问题解决率的提升并不明显，原因在于数据量不够大、训练样本过小，"小清"无法获得一个完整的知识体系以供自我学习。思考者科技公司认为，技术精度与数据量息息相关，善贤人家社区的社工们也极为重视数据在社区服务过程中起到的关键作用，比起追求所谓更高级的感知数据，社工们反而认为人口信息等基础数据在基层社区治理中的赋能效力更大。

另一方面，人机交互的成功并不仅仅在于某一情境中具象化的人机互动，更在于二者背后代表的社会制度、文化习俗、思想观念、技术逻辑等种种制约化因素的互动影响。在清波街道和善贤人家社区的人机交互案例中，治理体系中政府部门间本身的不协同对社工-平台的交互、居民-平台的交互等影响颇深。虽然善贤人家社区的智慧社区平台投入使用较早，如今发展得也较为完善，但依然受制于上级政法、消防等部门与社区内部部门协同合作的不足，社工们每天需要在四个不同的平台上报事件处理情况，甚至同样的内容需要在同一个平台多次操作，"平台间不兼容，有些平台用起来非常烦琐"是社工们诟病最多的地方。诚然，社工们认为自身的社区平台更加好用、易操作，对社区服务的成效也更加实在，但他们也清楚，以社区级平台来联通其他上级平台存在困难。"我们社区就是最低一层的，不可能由我们来牵头（连通），这是需要花大力气来打通各个关节（部门）的。"一位社工坦言。

智慧生活篇

构筑"以人为本"的数字生活新图景

如果说"以人为本"的公共服务是以技术驱动，结构性改革的治理模式来服务于民，那么"以人为本"的数字生活则是以不破坏本地生活为原则，通过有限度、循序渐进的技术变化来融入社区原本的日常场景，创造出新的、交融的原真性，使社区中的多元群体都在数字化、智慧化的过程中感受到温度和温情，在对技术的可感、可知、可及中提升获得感。

一方面，城市和社区的智慧化升级已势不可挡，以"社区更新"为代表的智慧生活路径已徐徐展开。另一方面，社区作为人们日常生活的重要空间和场域，交织了不同身份的差异化人群，带来了人们对社区共同体生活的差异化感知，乃至相互对立和矛盾的诉求。如今，如何利用智慧化社区改造的大好机遇，以最大的包容性、群体智慧和发展弹性来营造新的社区和社群关系，使社区更新不仅仅披上一层技术装备的外衣，也从内里焕发出美美与共的共同体意识，是城市管理者和各方参与者亟须重视的核心课题。因此，本章节通过两个实际案例来一一对应地讨论上述议题在实践中的成效和影响，以期激发不同地方社区更新的动力，优化更新手段，增加社区凝聚力，最终实现"以人为本"的数字生活新图景。

第四章

打造"生活共同体"

一、超越技术化、个体化的时代？——构建社区共同体的可能路径

放眼全球，在世界许多城市的更新过程中，尽管社区可持续发展都还处于积极探索的阶段，但不同地区基于不同的"社区"认知和定位，走出了截然不同的路径。

在西方语境下，自1887年滕尼斯（Tönnies）在其著作《社区与社会》（*Gemeinschaft and Gesellschaft*）中提出"社区"概念以来，"社区"一词的核心即是由在相互依赖的、具有一定社会内聚力的区域范围内的人们所组成的生活共同体，社区及其共同体问题在西方学者的研究中居于重要地位。[1]而在我国单位制解体的背景下，商业化小区在改革开放后已逐渐取代了传统的单位大院成为城市公共生活的基本单元，也逐步成为居民参与集体公共事务的重要场所之一，其内涵与功能都伴随社会发展得到了全新的深化。[2]

---

[1] 王轲. 中国城市社区治理创新的特征、动因及趋势 [J]. 城市问题，2019（3）：67-76.
[2] 帅满. 从人际信任到网络结构信任：社区公共性的生成过程研究 [J]. 社会学评论，2019，7（4）：62-74.

近年来，随着各地纷纷兴起智慧社区建设，新一轮的"社区更新"浪潮使得部分城市社区发展模式趋于多元化，多元自治等议题也愈受到普遍关注，但主流的建设路径仍旧聚焦于社区物质环境内技术基层设施的完备与宏观设计层面的住区规划，缺乏从社区公共性、共享理念、共同体概念出发来探讨对居民个体和家庭生活、社区公共服务以及社会稳定的影响的思考。作为一个抽象概念，社区共同体很早就进入了学界视野。例如，亚里士多德曾认为："所有共同体都是为着某种善而建立的……所追求的一定是至善。"马克思则辩证地看待个体和共同体的关系，提出"个人在共同体里才能实现全面发展和自由"。[1]滕尼斯对共同体的解读最为经典和全面，认为共同体的"理论出发点是人的意志完善的统一"，而社区共同体则不仅仅是空间相近的人群的汇集，还是"社区和它的成员之间的关系，不是用契约来说明，而是像家庭关系那样，用默认一致来说明的"。[2]

尽管上述理论成果影响深远，但需要看到，信息时代的社交网络空间与交往形式，已极大地改变了人们的生活方式与思维形式，使身处赛博空间的个体间的社会性联系日趋萎缩，也为开辟新的社群关系纽带提供了契机。[3]社区共同体建设既是适应媒介化、个体化时代变迁的主题，也是智慧社区提升凝聚力和可持续性的紧迫问题。总的来看，随着智慧城市、智慧社区建设进入深水区，各地在社区治理中认识到了形塑社区

---

[1] 马克思，恩格斯. 马克思恩格斯选集第1卷 [M]. 北京：人民出版社，1995：119.
[2] 滕尼斯. 共同体与社会 [M]. 北京：商务印书馆，1999：58，88.
[3] 田林楠. 超越沉默的大众？——社交媒体与社会团结的三种可能关系 [J]. 天府新论，2020（3）：127-133.

"智慧"需要进一步将行动拓展至居民的共同体建设层面，即有效的社区治理不仅体现在外显性的技术搭建和规则服从，还表现在居民对于社区的认同、对公共事务的参与等内在价值上，需要将技术化、科层制的治理概念与富于人性、互助性的共同体概念有机结合。在理论和实践层面，社区治理分为了国家赋权、技术赋能、主体驱动三大类成果。

国家赋权理论从国家对社区定位和认识的变化视角出发，强调社区治理中传统的国家、政府角色在重新进行定位和调整后，对社区构建共同体行动产生了赋权的积极影响。自从20世纪80年代中期民政部正式提出"社区"概念并总结推广上海地区的市、区、街道、居委会"四个层次一条龙"福利服务网络化经验，全国各地的社区便开始积极探索将公共服务权力和责任部分地从国家和政府转移出去，吸纳市场实力作为替代，激发居民社群的自治和民主动能。[1]伴随城市间商品化小区的蓬勃发展，以房屋产权为根基的业主身份使居民间的邻里认同感萌生，并在社会交往和互动中结成了业委会以及形式多样的社区兴趣团体和志愿团体等自发、自愿、自治性质浓厚的共同体组织。其中，业委会的存在与发展是我国社区共同体构建中极为重要的一个环节，一定程度上体现了居民高度参与社区治理的意愿与行动力。目前，不少社区通过在社区内甄选出具有社会威望且热心公共事业、具有奉献精神的业主，将其推荐到社区居委会任职来承担社自治的相应职责，并给予一定的薪酬以激发参与热情，利用他们意见领袖的

---

[1] 肖林."'社区'研究"与"社区研究"——近年来我国城市社区研究述评[J]. 社会学研究，2011（4）：185-208，246.

身份对社区治理进行有效监督、引导，促进居民直接参与到社区培育中，促进社区规划的方案更加合理，更好地解决居民的实际需求，凝聚社区共识，来自下而上地开展利于社区发展的自发性活动。❶不难看到，在国家赋权的过程中，国家对社区内公共空间和服务的干预、管制进一步降低，对个体自由和权利的保障进一步上升，在社区共同体的构建过程中，呈现了政治权力更加包容、弹性化和隐蔽的新现象。

技术赋权研究的关注焦点在于如何利用以人工智能为核心的新一轮技术进步破解社区共同体构建的困境。❷针对社区共同体所包含的情感共同体、利益共同体、治理共同体三个层次，邵春霞提出了"互联网平台+情感因素"的共同体塑造路径，用邻里互助型数字空间联络社区情感，用居民议事型数字空间鼓励理性讨论和动员参与，用数字化手段为凝聚居民合作提供可能的平台。❸还有学者通过分析上海基层社区的智慧服务平台案例，认为信息化、网络化、媒介化的平台，以区块链等先进技术为底座，为居民表达社情民意提供了可行好用的方法和渠道（如设置投票、居民预约社区干部走访等政治议程），使社区居民在对社区事务的积极参与中，激发责任意识和共同体意识。❹有学者提出"网络化服务"的概念，认为相比于当前的网格化治理，前

---

❶ 章迎庆, 孟君君. 基于"共享"理念的老旧社区公共空间更新策略探究——以上海市贵州西里弄社区为例[J]. 城市发展研究, 2020, 27（8）: 89-93.

❷ 葛天任, 溥雨欣. 新兴技术能否破解"共同体困境"——数字政府、智慧社区与敏捷治理[J]. 社会治理, 2020（2）: 49-56.

❸ 邵春霞. 数字空间中的社区共同体营造路径——基于城市社区业主微信群的考察[J]. 理论与改革, 2022（1）: 47-58.

❹ 刘淑妍, 吕俊延. 城市治理新动能：以"微基建"促进社区共同体的成长[J]. 社会科学, 2021（3）: 3-14.

者不仅具有数字化平台和扁平化组织，而且将社区共同体与政府二者有机结合起来，实现了适合我国国情的、在党领导下的社会治理参与主体多元化。❶与之相似，有学者构建了以社区媒体为主要路径的"参与式治理"道路，认为社区媒体、传播和共同体构建有着天然的关联性，尤其随着媒体融合发展，融合型社区媒体架构能够超越过去媒体单一信息认知、碎片化内容传播的作用，转而变为整合化、特色化的智能联结中介，构建共享社区民意的系统，帮助培育社区居民的社群意识，构建人与媒介相生相依的社区共同体环境。❷然而，相较于上述较为乐观的讨论，也有学者认为，要重视新兴科技为社区共同体构建带来的难以预料的数据安全风险和政府难以快速回应的管理挑战，如果不能从制度层面对其加以约束，就无法真正有效地破解共同体困境。

主体驱动侧重于分析人口特质、社区主体参与愿望和参与能力等内部条件对社区共同体建构的影响。人口身份的高同质化，文化习性、生活习惯类似等要素是促进居民快速动员的基本条件之一。❸随着城乡居民生活条件的改善，很多居民对社区生活的个性化需求已经远远超出了公共服务能够提供的范畴，其自身参与社区改善、提高社区服务质量的意愿和能力也与日俱增，可以说，社区居民由内而外生发的主体性——愿意参与集体活动、承担集体责任、获取共同利益——在社区共同体的

---

❶ 吴青熹. 基层社会治理中的政社关系构建与演化逻辑——从网格化管理到网络化服务[J]. 南京大学学报（哲学·人文科学·社会科学），2018（6）：117-125.

❷ 聂远征. 共同体视域下社区媒体融合发展与社区治理[J]. 湖北大学学报：哲学社会科学版，2020（4）：157-165.

❸ 黄晓星. 社区运动的"社区性"——对现行社区运动理论的回应与补充[J]. 社会学研究，2011（1）：41-62，243-244.

建构过程中已不再鲜见，且成为必不可少的要素之一。周庆智认为，没有社区内居民和群体的主体性建构或是若不袪除社会对国家权力的依附性，就没有所谓中国社区治理转型的问题。[1]李立则通过对少数民族聚居社区的研究发现，过往制度治理和技术治理取向的研究和实践欠缺对社群主体性的理解，而建立在民族情感资源基础上的情感治理提倡回归社区构建的情感属性，实现人和情感的解放、居民主体性的激发和社区内各主体间关系的重构。这一设想可有效解决现存的社区参与度低、社区认同感和归属感不强的问题，打造邻里守望相助的社区共同体。[2]蓝宇蕴则从社区文化的角度入手，提出居民主体性缺失与具有相对独立性的社区体制机制匮乏互为因果——社区不是依附在行政化的体制机制中运行，就是被市场化的体制机制侵蚀，因此，建构既能超越强行政约束，又能不完全依赖市场，能够培育出居民主体性和公共性的社区文化，是把社区塑造成社会生活共同体的关键。[3]

综上所述，虽然目前学界对社区共同体的构建尚未达成一致意见，但从长远来看，社区共同体建构是实现基层自治培养、激发公共事务参与的重要途径之一，也是实现社会团结、维护社会秩序，并促进社会内部融合的优良渠道，是我国当下智慧社区需要认真思考的发展方向之一。

---

[1] 周庆智. 论中国社区治理——从威权式治理到参与式治理的转型 [J]. 学习与探索，2016（6）：38-47，159.

[2] 李立. 民族互嵌式社区情感治理实践路径探究 [J]. 广西民族研究，2021（2）：17-23.

[3] 蓝宇蕴. 社会生活共同体与社区文化建设——以广州幸福社区创建为例 [J]. 学术研究，2017（12）：66-76.

二、社区案例

（一）明珠社区的共同体实践

杭州市丁兰街道坐落于江干区东北部，东临余杭区，西接下城区，南连沪杭高铁和笕桥机场，北靠皋亭山，总面积约15.6平方千米。丁兰街道下辖的明珠社区是杭州市早期的保障性用房社区之一，经过十几年的风霜洗礼，明珠社区受产权关系变更、人口结构变化以及物质环境老化等因素的影响，社区整体生活环境质量下降，居民的生活水平也随之下滑。目前，明珠社区的总面积约0.42平方千米，总户数为2835户，内含两个经济适用房小区和一个全区户数最多和特殊人群最为密集的公租廉租房小区——包括低收入家庭、生活困难的儿童、残疾人以及有前科的劳改释放人员等不同的社会边缘群体。可以说，明珠社区的智慧化改造和建设，不仅仅是简单的老旧小区硬件和技术装备提升，而是提升社区内结构多样、阶层多样的社会群体生活幸福感和社区认同感的系统性社会工程。

明珠社区于2009年12月开始进行整体改造，经过几年时间，社区发展出一套独有的以"生活共同体"为核心的社区治理体系，塑造了"党群共治向上攀登，民生服务向下扎根"的治理理念，形成了"共建、共治、共商、共谋、共享"的共同体治理格局。然而，明珠社区的改造并非一帆风顺。作为一个既硬件环境老旧，又群体异质性强的社区，大多数居民在利益分配、价值观和共同意识方面的认知很难一致，对社区事务也往往报以消极、淡漠、事不关己的态度，严重制约着社区内的更新改造。具体来看，明珠社区在改建初期面临着以下几个难点。

一是现代公共设施缺乏。由于都市人群生活习惯的更迭变化，明珠社区内早期配置的公共设施已无法满足居民日常的生活需要，社区公共洗手间破败、游乐场所的活动设备老旧以及疫情期间的卫生设施严重不足等问题，都给居民生活带来了诸多不便。社区公共空间衰落的困境以及居民生活方式的改变、诉求的提升都对社区更新工作提出了新的挑战。明珠社区狭小的社区空间，无法满足居民集聚所需要的使用功能，致使居民邻里关系淡漠、社区凝聚力不足。

二是居民归属感淡薄。作为一个保障性用房社区，明珠社区内初始居民的组成较为复杂。随着多年来住房出租、房屋交易以及后代亲属置换住宅等变动的发生，现居住人口中原业主占比不足一半，熟人关系不复往昔。同时，如前所述，由于社区公共空间与交往设施的匮乏，居民之间的交往仅限于路上见面问好，多数居民几乎不与周边邻里产生有深度的往来，大家普遍缺乏对于社区的认同感与归属感，造成了维护公共环境的意识也较弱，垃圾、废旧物品、车辆随意放置，在堵塞小区内部道路之余也造成了极为不好的观感，居民们对此大多采取了放任自流的态度。可以说，生疏淡漠的居民关系大大阻碍了社区更新共识的达成。

三是居民共治意愿低下。社区整体的规划治理少不了社区居民的共同参与。然而，由于明珠社区内人员构成复杂，协调社区内相关主体利益的难度颇大。例如，社区中相当比例的住户为租客，作为流动人口，他们大多将明珠社区视为暂时栖身的场所，并声称"在经济条件改善之后会马上搬走""不会考虑在此处买房定居"等。其他老住户则习惯了过去单位大院统包统管的服务方式，对于社区管理和服务仍然抱持"等、靠、要"的心态。

除此之外，社区居民在规划治理方面的素养也并不高。在多次的沟通对话中，社工们发现，居民对于社区更新普遍持有较为保守和审慎的态度，个人意愿多是以被动沟通的问询来挖掘，无法深入了解他们的诉求。同时，对于专业术语以及概念的传达也存在着沟通层面的障碍，阻碍了相关好政策、好情况的有效传达。

基于这些现实挑战，明珠社区认清了治理难题的关键在于"共同体意识"的打造，即不止将社区共同体构建作为终极目标，也作为实现智慧化改造过程中同步进行的手段和路径。以在大环境中增强居民对社区的认同感、改善老旧小区人际关系等为切入口，明珠社区抓住社区治理的热点和当前棘手的问题，让居民认识到社区共同利益与自身利益的紧密关系，逐步产生内在的主动参与意识和理解社区、支持社区的行为。最后，通过提高综合服务水平，明珠社区建设了居民参与社区事务的渠道，引导形成了可持续的、体系化的居民"有责任参与社区事务"的意识与行动。

一方面，明珠社区明确了开展社区治理的首要任务就是提高居民对于社区的归属感，诱发他们产生正向的群体偏好，进而产生共建美好社区的驱动力和责任感。对此，社区以党群服务中心为阵地，以党建引领为核心，提出"党建有韧度、治理有深度、服务有温度、群众有热度"的治理理念。通过搭建社区活动平台，提高居民与社区之间的互动联系，吸引退休的党员群众参与到社区治理的过程中来，并给予这些人员充分的信任与场地空间、物质资料的支持，充分调动了这些意见领袖的社会资源，使得他们成为社区与广大居民群体间的情感桥梁。这样的举措提高了社区的治理水平，缓解了居委会开展工作的压力，也提高了居民和社区活动的亲密度。此外，明珠社区还通过融入情感治理，唤醒传统单位制中同事间互帮互助的人情味，强化了情感联结。这种具有较为浓厚的本土色彩的治理方式，使得许多老住户产生了主体活力，促进了社区事务分工，推动了更多居民加入到社区治理网络中来。

另一方面，明珠社区更加鲜明地认清了自身的定位和责任，让渡了部分公权力来构筑一元多治、多主体协同行动的可能，使得公共利益和居民自身诉求在理性协商和博弈中获得更加平衡的衔接。明珠社区居委会作为连接居民与政府、居民与社会的中坚力量，在社区更新的过程中明确了居委会的主要职责应该是承上启下——通过主动和上级政府协调对接，为社区居民争取更多、更好的公共服务资源；通过更主动地考虑到普通居民的诉求，急他们所急，帮助大家解决实际困难。在社区党委的组织领导下，明珠社区内部成立了居民志愿服务团队，开展邻里互助服务。这些队伍不仅参与慰问困难特殊群体等通常性的帮扶工作，同时更积极参与到对社区整体改造过程的监督中来，包括参加社区居委会的相关会议和表决活动，这切实提升了队伍自身的参与热情和参与水平。例如，针对社区内老年人较多且无力支付高额的市场化照护服务的情况，明珠社区积极培育并引导社会公益组织参与社区护理服务，在借助民间力量、吸纳广大社会工作者参与护理服务供给的同时，也会考虑到对这些从业者进行技能培训，提升其专业能力与整体素质，补足由市场化机构带来的供给主体单一的情况。借助护理服务供给，明珠社区在民政等政府部门难以触及的细枝末节发挥了基层兜底的作用，通过积极整合社会资源，满足了社区内部分边缘老年群体的养老需求，也实现了社区与社会合作成本最小化与合作收益最大化。由此，社区居委会的社工们的身份也脱离了简单管理者的概念，更多承载着社区治理的规制者、社区公共服务的供给者以及社区自治的组织领导者等内涵。明珠社区在此条件下逐渐实现了共同参与、社区主导、政府支持的治理模式。

最后，作为一个缺少技术和智慧化要素的老旧社区，明珠社区也在有序推进设施智能化升级，尝试架构起技术赋能社区自治和居民公共精神的途径。在日常生活中，明珠社区主要通过微信群来收集居民的意见与建议，这不仅是居民们最熟悉、最方便、最可负担的技术使用方式，而且在帮助社工了解民情民意的及时性、有效性上也毫不逊色。在疫情期间，明珠社区进一步通过手机微信、电话等方式，整合各居民区一户一表的基础数据，充分掌握辖区内的居民动态。这样简单、便捷的沟通协商方式，显然建立在对社区居民充分的了解和充分尊重的基础上，为不同群体的人们表达意见提供了平等平台，是最终达成充分沟通、相互理解、集体共识的必要前提。此外，明珠社区也充分启用利好政策，将老旧小区改造、连通"城市大脑"等相结合，推进5G、物联传感终端、人脸识别等基础设施进入社区，以期逐渐将社区的物理空间及辖区业态等转为数字化精准映射，以数字孪生为手段实现老旧社区治理的弯道超车。

（二）翡翠城社区的"商业化共同体"建构实践

与明珠社区"保障性用房社区"的定位截然不同，兴建于2008年的翡翠城社区是杭州绿城集团联手浙江省铁路投资集团精心营造的高档住宅园区。它地处余杭区闲林街道，向东毗邻西溪国家湿地公园，西接生态水乡休闲湿地，北枕五常湿地，南对连绵起伏的小和山，可谓是三面湿地环抱，南山北水，拥有极其优越的自然条件和居住氛围，是杭州市内罕见的集城市与自然景观资源于一体的大型现代化生活社区。

早在成为浙江省未来社区试点之前，翡翠城社区不论是在软硬件设施的智慧化建设和更新改造，还是社区完善的居民服务体系构建上，已经独树一帜。例如，就交通路网而言，翡翠城社区内配备了轨道交通站点和密集的、大运量的公交巴士专线，形成了完善的组团分流、人车分流的交通组织模式；社区内的定制巴士、微公交以及共享单车也一应俱全。在教育资源上，多家早教托育机构在翡翠城社区内落地生根，社区还引进了育华教育集团来提供幼儿园、小学和初中的配套教育。在生活配套设施方面，占地约5万平方米的社区商业中心拥有餐饮区、生活购物区、运动场馆区、生活服务区、健康服务区、滨水休闲区、文化艺术区和酒店商务区八大功能服务区，较为全面地满足了社区居民一体化的文化休闲娱乐需求。最重要的是，作为一个纯粹的商业化社区，翡翠城在投入使用后的社区服务基本由绿城服务集团提供，这很大程度上代表了目前国内高端社区主流的服务和发展形态，与由社区居委会等机构包揽社区服务的情境迥然不同。因此，它在创新邻里关系、完备社区服务理念、承载行动和动员居民能力培育等维度上，为其他商业社区营造共同体形态格局带来了颇多启示。

一方面，翡翠城社区在结合社区居委会的行政力量和当地历史底蕴的同时，也并不回避自身商业主体赢利的需要，注重利用睦邻文化来涵养商业氛围，提升居民整体的活跃度和消费积极性。❶在园区规划上，翡翠城社区重视历史记忆的保留传承，匹配本辖区内人文、理想、环保的社区邻里文化主题，通过园区内景观节点、闲置空间的布置，形成邻里文化展示的窗口。社区内合计拥有景观凉亭22个，以西溪湿地周边名人名士进行命名并定制名牌；社区还以睦邻文化为核心为每个凉亭设计对应的主题，由专门的社团负责布置，展示对应的睦邻文化（活动预告、活动照片等）。此外，社区由业委会牵头，联合社区居委会、物业服务单位，在党建引领理念的指导下，修订了原有的邻里公约，使其更符合现有的邻里文化主题。

在此基础上，翡翠城充分开发建设了"翡翠天地"商业集群，打造商务化的邻里共享空间。❷该商圈内包含大型超市、餐饮、社区卫生服务站、健康服务中心等完善的生活服务配套和供给体系，能够满足社区业主"5分钟生活圈"的服务需求。翡翠城社区不仅着力在社区周边营造商业氛围，而且也致力于推出多元化的社区内及上门服务。例如，园区会所及翡翠天地内配置固定的、多品牌的、长期的养育托管点，为上班族家庭提供"带娃"服务。针对寒暑假期托管高峰，社区还联合育华教育集团不定期开展针对3—12周岁儿童的"绿城夏令营活动"。此外，社区内还设立了面向全年龄段的"绿城颐乐学院体系"，分别针对婴幼儿、中青年、老年人设置课程。成年人的课程中包括有氧舞蹈、时装走秀、旗袍走秀、瑜伽、水墨画、民族舞、太

---

❶ 罗妮，沈竹. 城市有机更新背景下的社区共同体营造——以长沙市开福区文昌阁社区规划为例 [J]. 现代物业（中旬刊），2020（7）：10-11.
❷ 佚名. 杭州翡翠城：以物业服务诠释幸福社区内涵 [J]. 住宅与房地产，2019（1）：77-79.

极、素描、排舞和尤克里里等。为进一步加强社区内文体建设，翡翠城社区还与其他社会组织和商业主体合作，共同开发更多种类的服务项目。翡翠城社区与杭州市图书馆《都市快报》共同运营着一间学习书屋，并与蚂蚁科技集团公司合作，引入了共享图书馆设备。社区还与"菲力伟""乐刻"等私教型健身馆相结合，在社区西北角设置绿色专业跑道，开辟了健身房、乒乓球室、舞蹈房、室外篮球场等自助式健身场所；社区与绿城医院合作配置的社区卫生服务中心，能满足居民的日常基础医疗需求，也能提供远程诊疗、双向转诊等项目，有时也会举办中医保健、推拿等活动，进一步激发居民们对健康生活的追求。

另一方面，翡翠城社区也在实践中探索出一套触动邻里交往的动员机制，这不但提升了社区活力和居民自治，而且也有助于商业效益的转化，进一步满足了绿城服务集团自身的利益诉求。不同于许多社区仅停留在口头的社团建设提议，翡翠城社区内已成立了老年协会、羽毛球俱乐部、翡翠城登山队、翡翠城老虎篮球队、翡翠城乒乓球队、翡翠城太极拳队、翡翠城排舞社、翡翠城交谊舞社、翡翠城星火志愿队、翡翠城健康俱乐部和瑜伽社等十七个睦邻社团。居民们可结合自身专业和兴趣爱好，有选择地加入合适的社团，这些社团不但能帮助居民进行自我展示、结交朋友，而且也激发社区居民走出小家，融入大家的意愿。[1]为了进一步发挥一定的引导作用，社区还推出了基

---

[1] 王春，王毅杰. 新邻里视域下城市新建社区共同体复归及其可能［J］. 新疆大学学报：哲学·人文社会科学版，2016（3）：29-35.

于贡献力度、声望等要素的积分体系,实现提供社区服务享积分、以积分换服务的良性循环。这些举措都在潜移默化地影响着居民参与邻里活动,促进彼此间的资源互助共享。翡翠城社区还利用西南区的会所空间,建设绿城翡翠创客中心,为居住在社区里的创业者打造一个集思想碰撞、项目交流、投资路演、创业辅导、商务会客等多功能为一体的复合创业活动空间。

最后,翡翠城社区创新了邻里自治的组织格局。一是构建了"线上平台+线下空间"的治理理念,二是理顺了与社区居委会等机构的协同方式,三是创建了社区自有的志愿者团队。公共服务方面,翡翠城在社区里建立了"最多跑一次"社区服务站,以及社区政务、民情联络、义工联络、图书馆等公共服务项目。社区内的智慧化设备也处处可见,例如出入口的人脸识别系统、一键式应急求助系统等。后者还可与政府主管部门、物业服务中心多方保持同步联动以确保居民人身安全。在线上,绿城集团下设的科技企业还开发了"幸福绿城"App服务平台,除了能让居民快速方便地享受到各种物业上门服务,更重要的是,该平台上的"绿城幸福里"模块能够帮助居民们充分发挥内部组织的力量,进行线上互动和讨论,实现一定程度的自治。

同时,翡翠城已集合了300多名"绿城幸福里"志愿者加入到社区共治当中来。社区由此开辟了"绿城幸福里"专属场所以便志愿者进行日常活动,其开展的志愿服务包括清洁园区、文明养宠宣传、夜间平安巡查、扫雪等多项内容,部分活动呈现出了日常化、规律化、体系化的特点,为在商业社区中落地和深化公益性的自治活动提供了很好的注脚。

（三）借鉴与启示

社区是未来城乡人口生活的主要场所，而社区共同体的实现是唤醒社会个体间亲密性、激发公共参与热情的重要路径。通过对上述两个社区的建设经验探索，我们可以发现，不论是调动老旧社区原有的情感资源、引发情感共鸣，还是通过商业化手段实现多方共赢的利益联动，城市社区都可以实现共同体格局的营造。

除此之外，我们还应该看到，一些老旧社区虽然房屋破损、设施老化，但仍具有较好的历史文化功能价值，还留存着过去人情文化的根基，如果能够基于原有资源开展优化利用，例如，通过修复破烂的公共场所，满足居民在此休憩、交流和活动的需求，就能很大程度上重燃居民内在的合作动力。反过来，社会交往空间的完备会进一步提升老旧小区的环境更新，使物质设施和文化氛围的发展进入良性循环。在配套设施本就齐全完备的商业社区内，"共同体"的构建很大程度上也折射出了"人以群分"和"区隔化"等社会现象。[1]高端商业社区的入住群体、社区资源、共同体实践方式等都与低端社区有着较大差异，这可能会导致前者对后者排斥的加剧，增加城市基层社会治理的风险与挑战。

---

[1] 王艺璇. 空间资本差异视角下的城市居住秩序和空间区隔——基于两类社区的比较研究[J]. 城市问题，2020（3）：13-19，94.

第五章

"旧貌换新颜"

一、"社区更新"的进化史

作为社区可持续发展的重要途径之一，及时跟进"社区更新"的发展趋势，充分了解其发展要义是新型社区顺应时代变化、提高服务水平和管理能力的长期策略。当前，我国的城镇化进程加速，城市规模急剧膨胀，这在为城乡经济繁荣带来宝贵机遇的同时，也进一步面临着城市土地资源紧缺、利用效率低下和城市基础设施负担过载等严重挑战。那么，在城市功能有待完善的困扰下，如何为涌入城市的大量人口提供较好的生活空间及品质已经成为相关学术研究和社区治理实践共同热议的话题。[1]在西方国家，许多旧城的更新呈现出"清除贫民窟——邻里重建——社区更新"的模式，并在此过程中强调社区的可持续性和韧性。可见，作为城市空间的基本单元，社区的更新实践是提升城市发展品质的重要内容之一。[2]

---

[1] 董雨菲，王偲，韩亚楠，等. 数字化转型背景下的社区更新探索[J]. 未来城市设计与运营，2022（2）：48-55.
[2] 刘文文，吕霞. 社区更新的合作治理机制研究——以广州市泮塘五约社区微改造为例[J]. 新经济，2022（3）：27-32.

在我国，"社区更新"最早始于20世纪80年代末期，其内容主要是在政府主导下，对建于20世纪六七十年代的以事业单位为主的老旧住宅进行物理实体的局部改造和社区服务优化的初步探索。此时的城市建设在"充分利用、逐步改造"政策方针指导下进行，"社区更新"主要是对局部住宅单体的整修维护以及基础设施的完善，如工人棚户区与危房改造，包括低标准的临时性"插建住房"。此后一段时间，社区改造的工作也多是围绕外部环境的保护和修复来开展。这不仅造就了一些令人啼笑皆非的空间景观，而且很大程度上破坏了城市的历史文化氛围。随着更新过程暴露出的诸多问题，学者纷纷探寻社区更新理念的转变。

在此背景下，到了20世纪90年代，伴随我国居民日益增长的物质文化需求，政府提倡落实社区建设，建立"两级政府、三级管理"体制以灵活应对居民多类诉求。1994年，著名建筑学家吴良镛先生通过对北京旧城的长期考察，首次提出了"有机更新"的理论，指导并实施了北京菊儿胡同危旧房改建等更新项目，成为日后指导社区更新的主要理论与实践依据。❶21世纪初期，我国城市的大规模空间扩张，引发了土地资源浪费、生态环境恶化等问题。人们意识到，大规模拆建并不能带领城市社区走向可持续发展，并由此提出，从增量发展走向存量优化是城市未来进步的必然选择，进一步开始强调城市建设中人文关怀的重要性。在这一阶段，大部分的社区更新虽仍由政府主导，但行政力量也逐步让位于居民需求，出现了政府、非营利组织与

---

❶ 孙中锋，张彪. 基于社区概念演变的社区更新动力转向研究［J］. 装饰，2021（11）：50-54.

居民合作共治的社区更新实践。不仅仅是政府、社区居委会，开发商企业、社区规划师、居民等多个利益主体的需求开始被纳入社区更新章程中来，成功的社区更新应践行合作治理的说法开始被提倡。人们开始倡导关注利益主体的关系平衡与协同，倡导共同缔造，吸引多元主体，以合作的姿态共同参与，从而实现决策共谋、发展共建、成果共享。同时，社区更新的目的进一步明晰，即不仅仅是物质空间层面的改善，更是对社区经济、文化、教育等方面的关注，从以单一目标为导向的更新转向综合性更新。对此，学界和业界较为认可的社区更新大致包括两方面的内容：一是对与居民生活息息相关的社区公共空间、老旧建筑、公共设施、居住环境等物质层面的硬件革新与改造；二是对社区既有文化资源、历史文脉等人文内涵的保护与复兴。

近年来，在国家战略层面，《国民经济和社会发展第十四个五年规划和2035年远景目标纲要》提出："要加快推进城市更新，改造提升老旧小区、老旧厂区、老旧街区和城中村等存量片区功能，推进老旧楼宇改造，积极扩建新建停车场、充电桩。"如何避免大拆大建，延长建筑的寿命，节约有限的土地资源和成本投入，使老旧小区改造更贴近社区居民生活需要，适用于当今人们新的生活方式，提高生活品质，同时也使公共空间重新焕发生命力，延续社区环境的文化历史脉络，是目前我国城市社区更新亟须解决的问题。由此，对公共空间和设施局部的渐进式微改造和以居民参与为基础的"微更新""有机更新"等概念重新受到推崇。[1]

---

[1] 秦怀鹏.上海市杨浦区社区更新实践策略与行动配合［J］.规划师，2022（1）：78-84.

"微更新"从存量治理的基础入手，在不涉及用地性质、容积率等指标调整的前提下，以具有弹性和间歇性的模式来对社区的公共空间和公共服务开展"能做多少做多少"、有实操性的更新，也更加适宜当下异质化的社区人群需求和不同发展时期城市规划的动态变化。❶ 在2012年"国际城市创新发展大会"分论坛"城市的使命与未来"上，我国时任住房和城乡建设部副部长仇保兴就提出了重建"微循环"理论，强调要遵循微观层面人的能动性和组织理念，摈弃城市发展初期广为流行的疾风骤雨式的"大开大发""大拆大建"，推行"微降解""微能源""微冲击""微更生""微交通""微绿地""微调控"等新理念，使城市微循环的重建变为城市规划创建和管理的新原则。❷

"有机更新"理论旨在顺应城市发展的规律和机理，认为城市的现在和未来、城市和城市中的各部分都如同生物体一样，是有机联系、协调共生的，因此，城市改造要规模适当、尺度合理，处理好整体和局部、局部和局部之间的辩证关系，以此提高城市发展和质量、减少不必要的资源浪费。

此外，当前除了对城市社区更新的重视，农村社区也一直存在着更新改造的必要性。长期以来，我国大多数农村地区缺少规划、发展无序，与历经几轮更新的城市社区相比，发展严重滞后，致使道路狭窄难行、排水设施不良、居住环境脏乱、公共设施用地不足、公共建筑简陋破旧等问题普遍存在。另外，我国农村还存在着人均居住面积

---

❶ 毛春红. 社区微更新：城市更新行动如何避免大拆大建？[EB/OL].（2021-01-15）[2022-05-26]. http://www.urbanchina.org/content/content_7893673.html.
❷ 仇保兴. 城市生态化改造的必由之路——重建微循环[J]. 城市观察，2012（6）：5-20.

过大、土地浪费无用的弊病。究其原因，一是源自农村居民区中的空闲土地多，空闲率一般为4%—10%，甚至更高；二是农村居民区的建筑容积率和建筑密度低，全国农村居民点用地总平均建筑容积率仅为0.14；三是宅基地超标情况多，一户多宅、多重占地现象频发；四是"空心村"趋势明显。❶目前，学界普遍把农村社区更新定义为："根据农村可持续发展的需要和农业现代化进程的特点，对不符合可持续发展要求的农村社区开展重新规划和营建的运作过程，目的是通过农村社区更新，协调社区内部的各种要素关系及其与外部环境的联系，合理配置自然、经济和社会资源，全方位改善农村社区环境，塑造新的农村社区景观，形成新的农村社区功能。"❷不难看出，与城市社区更新追求可持续发展的目标一样，保留、保持农村社区的完整性，促进其有机更新、更富活力是符合我国国情和经济社会发展的必然选择。

这两年，随着推动人工智能发展、实现"碳达峰""碳中和"成为我国未来较长时期内重大的经济社会战略，城市社区更新也越发突出数字化改造、节能低碳、绿色环保的总体趋向。❸一方面，如何在当下的社区环境中最大限度地朝着降低能源消耗和降低二氧化碳排放的目标努力，是我国社区更新实践中亟待思考的重要课题。例如，社区可最大限度地利用促进节能的建筑材料、太阳能等可再生能源，帮助居民养成垃圾分类等良好的生活习惯，鼓励居民养成采用公共交通、共享交通工具出行的生活方式等。"社区更新+低碳社区发展"的强强联合，既能使社

---

❶ 任强. 乡村更新 城乡互融 [J]. 杭州（我们），2016（2）：14-15.
❷ 陈百明. 中国农村社区更新的未来取向 [J]. 中国农业资源与区划，2000（6）：54-57.
❸ 陈一欣，曾辉. 我国低碳社区发展历史、特点与未来工作重点 [J]. 生态学杂志，2022：1-6.

区生活居住条件更加舒适、普惠、便捷，又能为我国实现双碳目标贡献一份重要力量。[1]另一方面，以人工智能为核心的科技发展为社区微更新、有机更新提供了全新的思路和方案。例如，有学者通过对某一交通条件较差、出行需求较高社区的深入研究发现，从社区更新层面来说，无人驾驶技术的普及将提升该社区街道安全性，丰富社区活动空间与场所层次，提升社区生态友好性与生活环境质量。[2]还有学者通过深入剖析杭州市滨江区缤纷社区，展示了大数据技术应用与机制创新如何双向赋能城市基层治理效能——前者通过倒逼基层机制创新，使缤纷社区形成了跨社区联建、跨部门执法、跨区域物管、跨业态统筹等多元治理主体协同机制，有效整合多方资源，实现了城市社区的有机更新。[3]

二、社区案例

（一）两个典型老旧小区的更新实践

采荷街道观音塘片区

杭州市江干区采荷街道观音塘片区东临钱江路，西至秋涛路，南

---

[1] 邱恂. 城市老社区的可持续更新改造探讨［J］. 城市建筑，2021，18（35）：40-43.
[2] 张帆，钟毅. 无人驾驶视角下城市社区更新初探——以成都为例［J］. 城市建筑，2021（35）：52-54，68.
[3] 刘冰，吴晓丹. 数字技术与机制创新双向赋能的城市社区有机更新［J］. 社会治理，2022（4）：82-88.

临江青路，北至解放东路，区域面积约38万平方米，人口总数约8000人；片区范围涵盖了静怡、江汀和常青苑三大社区，社区内拥有居安坊、思安坊、静怡花苑、静安花苑、怡静坊、常青公寓等小区，共计61幢住宅楼。❶由于观音塘片区内最早的楼房始建于20世纪八九十年代，多为铁路、烟厂、火电厂等老国企为职工提供的自建住房，片区下辖房屋多、居住人口多，但相应地，片区地理位置优越、学区配套完备，是杭州市具有典型老旧小区特色的代表街区之一。近年来，建设年代较早的楼房、公共区域内的老旧设施以及不断流进流出的高密度人口等问题，都给该片区的更新发展提出了许多挑战。

一方面，社区空间无序混乱，硬件品质较差。整体来看，片区内很多楼房已外墙破败，且房屋间距短、管网破旧；公共空间环境也一言难尽，不仅面积极小，而且缺乏较好的生活休闲类配套设施。同时，片区内车辆胡乱停放、基础消防设施缺乏等不良现象长期存在，使社区邻里间举办活动、出行、安全保障等问题更加棘手，难以提供宜人的社区空间环境品质。

另一方面，社区内的历史人文特色有待重建。如前所述，观音塘片区作为杭州颇具代表性的老小区之一，见证了杭州几十年来的飞速发展，社区自身的工业历史文化积淀也较为丰富，并一定程度上保留了具有集体性、人情味和生活气息的社区文化特质。然而，近年来，随着城镇化发展、工业化变迁、流动人口的涌入和人们精神面貌的转

---

❶ 姚远，尚宇晨. 中国人工智能产业发展联盟2020城市社区智慧治理十佳案例推介［EB/OL］.（2021-01-27）［2022-05-27］. http://www.urbanchina.org/content/content_7900766.html.

变等，观音塘片区内的老国企特质也逐渐淡化，同事间"远亲不如近邻"的情谊也逐渐被遗忘。习近平总书记曾强调："一个城市的历史遗迹、文化古迹、人文底蕴，是城市生命的一部分。文化底蕴毁掉了，城市建得再新再好，也是缺乏生命力的。"因此，如何在社区改造更新过程中重塑片区内的文化和精神内涵，是需要考虑的重要问题。

最后，观音塘片区的治理效能亟待提升。由于极大地受限于智慧化基础设施的匮乏（例如，社区岗口端与内部道路均未设置车辆识别与抓拍设备），社区对辖区内的泊车、记录、巡检、缴费等都无法做到实时监管，仅依靠社工和居民的电话沟通、手工记录等传统形式处理。这种方法不仅效率偏低，还造成了居民、物业、居委会三方在事件上报接收、处理进度、效果反馈等方面产生严重脱节；社区缺乏人员管理与身份识别系统，仅依靠社工手工录入人员信息，工作负担较重。特别在2020年新冠肺炎疫情暴发之后，社区人员管理的难度更是倍增，防疫工作难以顺畅执行。上述这些治理难题还仅限于满足基本管理和对居民的公共服务需求，而更加精细化、分层次的公共服务提供则更难以实现。因此，如何破除粗放式的社区治理积弊，将社区更新与精细化管理有机结合，已成为观音塘片区迫在眉睫的探索要点。

面对上述社区更新难题，观音塘片区提出了"开空间、开体验，合服务、合文化"四大策略。[1]通过对公共空间的整合、扩建来提升居民幸福感和获得感，在延续社区内老年群体的集体记忆和开展相应社

---

[1] 江干发布. 江干这些老旧小区将要升级蜕变啦！设计方案先睹为快［EB/OL］.（2020-07-27）[2022-05-28]. https://www.sohu.com/a/410060305_741994.

区文化活动的过程中来重塑人文氛围，利用建设社区智慧中脑平台等先进技术的契机来提高治理能力，以期一定程度上解决社区老化的现状，实现城市"康养型"新社区的目标。为了提升社区空间，观音塘片区主要采取了"大封闭"管理停车交通，着重打造健身医养设备的两大有针对性举措。鉴于片区内户多、车多、车位少的现状一时难以改变，观音塘片区遵循采荷街道的整体规划方案，通过征求全体居民意见，于2020年4月开始实行新的停车分类管理标准，利用价格杠杆来控制临时车的数量，提升车位的周转率，并取得了一定成效，有效增加车位百余个。❶同时，针对观音塘片区内老年人占比较高的情况，社区公共空间环境和设施的改造主要向该群体的健身、交流、医疗需求倾斜，通过整合小区内既有设施，全面整理边角地和碎片地，尽可能增加公共活动空间以及适老化智能设施，比如，在健身器材上增加观测身体指标的设备，在公共场所安装一键呼叫、急救箱等紧急救援设施等。

最后，和其他许多智慧社区建设一样，观音塘片区也积极引入数字化平台，以与物联设备的连通来完成多维度、高精度、实时化的有效数据采集与"上云"工作。平台主要包含了智慧消防、安防监控、人员管理、车辆管理、智慧巡检、事件管理六大板块，重点应对社区改造前人员、车辆、物流管理不畅的情况。该智慧化平台以1∶1彩色三维建筑模型为可视化基底，将六大功能板块的具体细节以图表、文字、数据等多样化形式集中呈现，当社工们点击相应的功能模块时，

---

❶ 都市快报. 大封闭能破解老旧小区的停车难吗？这个杭州试行多年的办法"过时"了吗？[EB/OL].（2021-03-15）[2022-05-28]. http://zzhz.zjol.com.cn/hz/csxw/202103/t20210315_22246056.shtml.

即可查看最新数据；点击三维地图上的任一摄像头，即可查看更详细的视频内容与信息，一键实现社区可视化的联动管理。

目前，观音塘片区在基础设施更新、公共服务模式更新等方面已颇有进展，弥补了过去社区内智慧化设备不足的缺点。首先，观音塘片区在更新过程中以智慧化设备的铺陈为切入口。各大小区出入口安装了车辆道闸、路面监控和违章球机等基础性的管理设备，其中，路面监控摄像头已达52个，能覆盖观音堂片区80%以上的区域，为精准管理社区来往车辆奠定了基础；社区内的住宅楼也配备了若干独立式烟感，社区内也提供充电桩桩位、消防栓点位，并具备实时数据采集的功能，使电气预警与消防管控成为可能。其次，考虑到老旧小区对商业化的物业模式接受程度较低，物业费用也普遍不高的现实，观音塘片区遵循采荷街道的整体做法，尝试通过多个小区物业合并、打包管理的模式，来扩大一家物业公司的管理范围和居民数量，帮助其降低管理成本，让商业服务主体形成有稳定投资收益的可持续发展模式，同时也让有需要的部分居民享受到标准化、个性化的定制服务。❶

凯旋街道景昙社区

杭州市凯旋街道景昙社区位于杭州城东大门中部要塞，南临景芳路，北接昙花庵路，东倚景昙路，西靠秋涛北路，总占地面积约5万平方米，共有住宅楼30幢，单元75个，住户1784户，计5422人，其

---

❶ 浙江省住房和城乡建设厅. 统一标准 因症施策 杭州市扎实推进老旧小区综合改造提升工作［EB/OL］.（2020-09-11）［2022-05-29］. https://www.zj.gov.cn/art/2020/9/11/art_1553153_57309272.html.

中，在册党员123名，志愿者450名，60周岁以上的老年人822名。尽管景昙社区成立于2001年，但辖区内的小区多建设于20世纪90年代初期，也是杭州典型的老旧小区之一。社区内部绿化设施远不达标，道路周边的消防设施也普遍低于标准水平，更不必说一直缺乏专业的物业管理系统来保障软性的社区服务水平。

2018年年底，景昙社区生态环境水平降至历史低谷，截污纳管等方面存在的硬件问题尽数暴露。然而，景昙社区当时却"心有余而力不足"。一是社区在更新改造上的预算缺口较大：市政拨款的改造资金为1.3亿元，但是资金为街道内的4个社区所共同使用，因此分摊到每个社区的改造费用都较为有限，景昙社区到手的资金支持只有800多万元，不足以支撑大而全的改造项目。二是居民意愿难以协调。景昙社区内邻里关系淡漠由来已久，居民普遍缺乏对社区的归属感，不愿个人掏钱开展改造工作，尽管小区多年来"缝缝补补"的小型改造项目断断续续地开展着，比如立面整治、屋面平改坡等，却并未让居民感受到实实在在的环境变化。❶三是政策制定与实际情况时有冲突。例如，由于景昙社区内老年人比例较高，从整体上看，楼栋住户加装电梯的意愿强烈，但是，鉴于目前政策要求楼栋内所有住户一致持赞同票才可加装电梯，有些低层住户担心自身室内采光受到遮挡，或担心个人出资数目过高，或担心工程施工的噪声影响等，各方立场不同、利益相悖的现实困难使景昙社区的电梯改造工作推进遇阻。

针对景昙社区在更新改造方面的突出问题，社区积极与上级部门

---

❶ 王幸芳，杨洁，郑沁兰. 安居才能乐业 藏在社区的幸福密码 [J]. 杭州（周刊），2019（32）：26-29.

沟通，并充分考虑经费有限、场地有限的情况，规划出了逐步到位的更新改造方案，主要包括以下三个方面。

一是针对小区环境中的突出矛盾进行改善，主要进行老旧小区截污纳管改造、辖区内道路改造和弱电改造，对弱电线路进行了重新设计。在此基础上，再通过绿化带、游步道的改造美化公共环境。二是建好民意反馈渠道。景昙社区为了使大家畅所欲言，保证对此次更新改造工作的全力支持和全程参与，创造了许多新颖的意见收集方式，比如清理出100多平方米的闲置空间作为居民活动室，举办社区居民座谈会，组织楼道小组长汇总各户意见，社区前台收集反馈意见，召集"周三访谈夜"活动，开展票选改善项目等。不少居民在座谈会上看到改造前后的对比图，并投票选出自己支持的硬件改造项目后，纷纷"倒戈"，支持社区进行再一轮的更新改造。三是引进物业管理体系，进行统一改制。正如景昙社区的工作人员所说，让专业的人（物业公司）做专业的事才会使居住环境越来越好，否则社区既做上级部门交代的管理工作，又做物业服务工作，难免顾此失彼、力不从心。

由此，改造后的景昙社区生态环境大为改观，社区内的硬件难题基本得以解决。小区排污排水管道得以修缮，道路修建以及弱电设施也逐步得以完善。尤为值得一提的是，景昙社区还结合"美丽杭州"创建暨"'迎亚运'城市环境大整治、城市面貌大提升"行动，将有效垃圾分类与自身的社区更新工作有机结合，作为重点工作之一大力推动。在硬件设置方面，景昙社区完善垃圾投放设施，配备了社区垃圾房、标准垃圾桶、拉环、洗手池、宣传标识牌等（见图4）。在软性管理方面，景昙社区不但从社工层面建立党员包干垃圾房制度，动员楼道党员开展垃圾分类宣传培训，而且成立了"绿邻俱乐部""绿天使"等社区社会组织，进行高峰时段的现场督岗和小区巡查；社区还开展了"垃圾分类免检户""五好家庭""环保家庭"等评选和荣誉奖励活动，将居民的垃圾分类情况打分评星并在楼道展示，帮助居民养成垃圾分类习惯，也间接、加强了邻里的互动关系。在社区服务方面，景昙社区与有关企业签订合作协议，由企业出资来"收编"拾荒者，建立更完善的资源回收体系，实现了垃圾总体减量，垃圾分类质量明显提升，进而推动了社区环境治理的升级。2020年，浙江省公布年度全省高标准生活垃圾分类示范片区、示范小区名单，凯旋街道成功入选浙江省高标准生活垃圾分类示范片区。

图4 凯旋街道景昙社区改造后的垃圾回收点

此外，景昙社区还设立了专项维修基金，维护住户基本生活设施，降低居民生活成本。景昙社区居民对更新改造后的生活普遍满意，对街道社区所做的十几项民生实事项目反响热烈（见图5）。

图5 景昙社区综合改造项目成效展示牌

（二）借鉴与启示

作为动态变化的复杂工作，社区更新要求我们不但要关注以科技为中心的硬件改造，而且要关注不受科技束缚的历史人文、社区文化的保留和再造；不但要着眼于宏大的整体规划，而且要观照局部微小的期待和改变。从观音塘片区和景昙社区的更新改造案例中，我们可以看到，如何激发社区居民的内生动力是维持社区更新长效性的关键点。

总的来说，美好的社区建设需要热情的居民参与。对老旧社区而言，资源不足、人心不齐是改造前的短板。社区可通过倾听居民意愿，使需要更新改造的项目有优先级和主心骨，也可挖掘社区内部能开发利用的闲置资源，出让给企业分利或转化为居民的活动场所，一定程度上来缓解资金和空间压力，提高社区更新的韧性。社区公共精神的萌芽，有助于构建良性循环的社区关系网络、增强社区成员的凝聚力，便于后续更新工作的开展。从景昙社区的垃圾治理经验中可以看到，要充分发掘社区居民自身的人力资源、公共意识，要发挥网格员、志愿者、社会组织成员以及物业管理者等多主体的协同作用，由此探索自上而下与自下而上相结合的社区更新团结机制，形成和发展基于社区内部认同的、具有稳定性和团体性的自我更新行为，使社区更新进入良性循环。

全球篇

国外社区的智慧化路径和实践

放眼全球,在后疫情时代和后全球化的大背景下,世界各国都在积极寻求如何更富创造力地建设有韧性、包容度高、制度设计健全的智慧城市与社区,使之切实地具备应对一系列不可预估的政治、社会、经济和环境挑战的能力。正如联合国责任区规划署执行主任麦慕娜·莫哈德·谢里夫(Maimunah Mohd Sharif)所言:"这次疫情对我们是一种警示,让我们看到可持续发展和改善城市设计的必要性。机遇总是与破坏并存,我们看到一些城市已经抓住了机遇,不仅有效应对疫情及其影响,还能重新审视如何从各个领域把城市建设得更加完善、绿色、公正。"

尽管当下以人工智能为核心的前沿技术向我们展示了其塑造可持续发展的城市和社区的潜力,但技术的潜在风险也相当惊人,由此带来的"数字鸿沟""算法歧视"等更多社会负面后果已并不鲜见。对此,过去十年间,西方发达国家也在竭力跳出对技术的单一依赖,超越技术治理的窠臼,寻求着集人本价值、制度保障、技术应用、本土经验和多主体协作等要素为一体的整体性框架的建立和规范,在技术引入和应用之前,把更大的社会问题和应对方案纳入考量范围,并涌现出了一批杰出的智慧城市和社区建设的成果。欠发达的非洲、拉丁美洲等地区也后来居上,在开启城市和社区改革的良性道路上越走越远。本章将通过一系列深入的全球城市和社区案例研究,提炼共性特点,借鉴成功经验,以期助力我国城市开展各自的转型实践;在智慧化浪潮中"一个都不掉队"。

第六章

北美洲：宏大的技术创变与复杂的社会情境

一、概要

总体来看，北美洲国家在智慧城市建设领域起步较早，这得益于先进的技术和顶尖的技术人才，北美的城市社区一直是世界上开展智慧社区创新的先行者。

北美洲的城市社区规划主要展现了两大特色：一方面，管理者致力于通过收集市民信息与基础设施信息来改善城市运营和公共服务，如智慧医疗、智慧出行等，并在21世纪初于世界范围内掀起了一股数据驱动的城市社区建设的浪潮。另一方面，北美洲国家率先尝试将大数据和通信技术应用于城市中的能源产业变革，旨在提高能源利用效率，进一步改变能源消耗模式，实现能源的可持续发展。2008年5月，艾克赛尔（Xcel）公司开始在美国科罗拉多州博尔德市实施智能电网（Smart Grid City）建设，以提高城市老化的输电线路和社区配电基础设施的可靠性，这是世界上首次将信息技术与控制技术应用于传统能源管理的创新案例。[1]随后，亚洲和欧洲一些资源相对匮乏的国家也开

---

[1] YANG I K, JUNG N J, SONG J J, PARK S H. A study of methodology for smart grid deployment [J]. Proceedings of the KIEE Conference, 2009，161–162.

始强调使用可再生能源，建设需求响应系统，并将其作为智慧城市建设的核心。

不难看出，北美洲基于其自身较为雄厚的科技实力，支撑智慧社区发展的技术成熟度较高，技术应用于社会生活的案例也极具开创性和创造力，其模式或许难以复制，但其开放试验的精神值得学习。同时，值得注意的是，随着智能城市更深入地影响市民生活，创新不仅是技术的迭代创新，更是技术与人、技术与自然交互模式的全新探索。以尊重自然、以人为本的方式将技术融入居民生活，是近年来北美洲智慧社区建设中侧重的全新考量。

本章将以加拿大与美国的智慧社区建设为例，通过对比2017年加拿大埃德蒙顿开放城市计划的成功与同年加拿大多伦多水岸社区项目的失败，以及分析2009年美国基于智能可持续发展的迪比克项目的成效与2021年在美国加利福尼亚州开展的国家登陆（National Landing）项目，讨论北美洲智慧社区的发展、现状与未来趋势。其中，本章将着重剖析由谷歌（Google）主导的水岸社区项目的发展，旨在探讨数据隐私保护和智慧社区建设间不可避免的冲突。北美洲国家智慧社区的发展具有实验性与突破性的特点，人才与科技的高度汇集为北美洲地区提供了源源不竭的创新能力和动力，也由此肩负着不断探索更多未来可能性的重任。因此，美国、加拿大在探索道路中的成功与失败都对世界其他地区建设智慧城市与智慧社区极具指导意义。

二、北美洲智慧社区的价值导向和实践路径

（一）价值导向

因地制宜

总的来看，美国和加拿大的智慧社区建造技术先进且发展均衡：既充分依靠高科技，又重视因地制宜，没有产生"顾此失彼"的倾向性。例如，美国弗吉尼亚州海滩市着重发展传感设备以应对本区域易暴发洪灾的环境情况。美国路易斯安那州巴吞鲁日市致力于使用新兴信息技术解决公共安全和交通管制，以缓解当地犯罪率高、警察局人力短缺的矛盾。[1]在地广人稀的美国俄亥俄州，俄亥俄州立大学汽车研究中心主要从能源、安全及环境方面的研究出发。通过建立环保低碳的创新汽车系统，提高俄亥俄州市民出行的便利性。[2]

可持续能力

加拿大与美国均为传统的资源大国，其丰富自然资源惠及的行业囊括了矿业、能源工业、林业、渔业等颇为繁多的种类，但两国一直都高度重视能源政策的制定，尤其关注节能和可再生能源等领域的发

---

[1] 数旗智酷，学术Plus，信安标委，新华社. 2019年美国这50座城市的政府数字化转型都在做什么？[EB/OL].[2022-05-06]. https://www.secrss.com/articles/15555.

[2] LV K, SUN T, SHUAI P. 世界智慧城市案例：实践与经验（城市研究）[M]. 北京：社会科学文献出版社，2015.

展，并指出智能电网、储能和发电是促进能源未来可持续发展的关键领域。同时，两国的电力企业长期发力于新兴技术开发领域，希望通过摒弃传统的能源发展模式来提高用电效率，减少环境污染。加拿大与美国将城市社区的"智慧"不仅定义为服务于城市中的人的智能科技，更是服务于提升城市自身的可持续能力，而能源即被认定为尽可能保持城市社区有机体完整、良性运转的核心动力来源。

以美国芝加哥市为例，2017年夏天，芝加哥市启动了路灯改造计划。再生能源公司阿梅雷斯克（Ameresco）与物联网方案供货商银泉网络（Silver Spring Networks）在（基本建设）现代化计划中合作，将约85%的芝加哥现有路灯（约25万个）改装成智慧LED（发光二极管）路灯。新型LED路灯预估较现有路灯可节省50%—75%的耗电。此外，LED路灯可实时搜集所在地区的环境数据。目前，这套被项目研究人员称为"节点"的感应装置可搜集光线、降水量、二氧化氮、臭氧等15项环境指标数据。通过这些数据，城市管理人员可以在问题出现前就及时改造已有的基础设施，避免城市内涝等极端情况的发生。❶

用户体验

在美国和加拿大，多年来的建设经验表明，智慧城市和社区的核心追求不仅是铺陈琳琅满目的新技术基础设施或平台软件，更是拥有有能力、有意愿融入智慧城市生活的市民。❷

---

❶ 司晓等.智慧城市2.0：科技重塑城市未来［M］.北京：电子工业出版社，2018.
❷ 麦肯锡全球研究院.智慧城市：数字技术打造宜居家园［EB/OL］.（2018-06-20）［2022-05-06］https://www.mckinsey.com.cn/wp-content/uploads/2018/07/MGI_Smart-Cities_Report_June-2018_CN-full-report.pdf.

例如，在美国芝加哥市，当地政府联合芝加哥社区大学、芝加哥图书馆与谷歌、微软等科技公司，推出了多种数字在线资源和系列课程，并提供具体的课程教学内容及后续的资源支持。课程的覆盖面极为广泛，成人、青少年均有适宜的课程可以选择，包括科普类、大学预科类、职业发展类、高精尖提升类等课程。此项高水平的教育项目在为市民创造开放和互动式的学习空间时，也使后者有能力对智慧城市和社区建设出谋划策。此外，芝加哥市政府还通过鼓励民众参与城市数据的分析，比如，市政府将街道地图、建筑物、自行车道等市政数据上传到开源程序托管平台GitHub，来提高城市数据的精准度和新型手机应用的开发等。[1]而在纽约，从20世纪90年代初期的非紧急求助热线电话"311"，到"311网站"，再到近期的"311智能手机应用和社交网站"，"311"已成为居民与政府沟通的代名词之一，这一常伴当地居民的互动渠道可以实现提交投诉、查询资料、提出日常帮服要求等功能，在倾听和解决居民实际难题的同时，也实现着对城市状况和居民行为数据的动态监测与采集，并被应用于后续的算法建模和模拟推演。

（二）实践路径

总体上，北美洲智慧城市建设偏向政府和企业共同主导的发展模式，以大力推动信息基础设施建设为先导，将顶尖科技企业作为智慧

---

[1] 司晓，等.智慧城市2.0：科技重塑城市未来［M］.北京：电子工业出版社，2018.

城市建设的核心力量和关键支撑伙伴，最终形成政府、企业、科研机构等多方协同投资建设的模式。例如，国际商业机器公司不仅是世界上最早提出"智慧城市"概念的美国企业，而且，早在2009年，国际商业机器公司就联合美国迪比克市推出了世界上第一个智慧社区项目，社区内设智能水表、电表等自动感应设施，以帮助居民实时监测和调整水电使用情况；此后，思科、微软等科技公司也先后加入智慧城市、智慧社区建设的行列。思科于2009年开始推动全球化和一体化智慧社区项目；微软于2013年启动"未来城市"计划，试图利用其技术和网络平台优势打造全新的智慧城市与智慧社区解决方案。❶

除了强势的科技企业力量入场智慧城市和社区建设，美国政府的全力推动也功不可没。一方面，美国政府同微软、英特尔（Intel）等顶尖科技公司合作，还联合高校培育一系列专精的高科技公司，以专门发展某一具体方向的前沿技术。另一方面，如前所述，美国许多城市的当地政府较早开启了数据的本地化应用，其数据高度透明，政府会向合作机构与民众公开数据以助推全民科技创新运动，政府还通过举办智慧城市挑战赛、组织社交媒体话题讨论等方式吸引人气、集思广益。❷近十几年来，美国从国家战略层面建立了一套较为完备的制度体系，以支撑智慧社区从技术基层到资金来源，再到政企合作开发的全过程。其中，较为知名的规划和法案包括于2010年、2013年分别发布的涉及通信基础设施建设的美国《国家宽带计划》（National

---

❶ 李德智，王晶晶，沈思思. 典型发达国家智慧社区的建设经验及其启示 [J]. 建筑经济，2017，38（11）：81-84.
❷ 刘杨，龚烁，刘晋媛. 欧美智慧城市最新实践与思考 [J]. 上海城市规划，2018（1）：12-19.

Broadband Plan）、美国《国家空间数据基础设施战略草案规划》（NSDI Strategic Plan），以及于2015年发布的旨在提供可落地的智慧城市和社区方案的《白宫智慧城市行动倡议》（White House Smart Cities Initiative）、《智慧社区互联框架》（IES-City Framework）等。

三、北美洲智慧社区案例

（一）加拿大埃德蒙顿开放城市与多伦多水岸社区

2017年，加拿大政府主导的埃德蒙顿开放城市计划与谷歌公司主导的多伦多水岸社区同时启动。这两个分别由政府和企业主导的对比鲜明的智慧社区案例，为我们呈现了迄今为止不可多得的建设经验。

加拿大埃德蒙顿市自建设以来备受国际关注，并斩获了世界智慧城市主题比赛的多个奖项，目前，埃德蒙顿仍在建设与发展中。2017年，埃德蒙顿的开放城市计划获得了世界智慧可持续组织（WeGO）开放城市组的金奖，该奖项旨在表彰和促进杰出的信息和通信技术、电子政务和智能城市创新应用。埃德蒙顿的开放城市计划是其智慧化中的重要一环，该计划意图建立新的方式来分享和接收市民信息，寻求新的对话机会，使城市管理者更容易根据城市动态做出敏捷调整与改善，并能长期从居民的反馈中汲取新的发展理念。相对于传统的以政府为中心创建智慧城市的方法，埃德蒙顿以市民为中心的智慧城市战略从一开始就意在最大化地促进平等——为市民创造统一的体验感,让他们都能从高效和有效的城市服务中受益。

除了对居民间平等获益的追求,埃德蒙顿市还期望通过与市民建立平等的伙伴关系,使城市自身具有强大的弹性与复原力以面对变化的人口与环境。埃德蒙顿市建立了埃德蒙顿经济发展公司、埃德蒙顿科技中心(TEC Edmonton)、eHUB、埃德蒙顿创业中心(Startup Edmonton)、阿尔伯塔创新中心、阿尔伯塔省妇女企业家组织和埃德蒙顿市研究园等各种旨在促进政民平等的社会组织与企业,参与其中的市民可通过识别风险、分析城市中被共享的数据、形成创造性的解决方法等来参与城市发展决策。例如,eHUB是位于埃德蒙顿的阿尔伯塔大学的创业中心,负责提供资源和资金,为阿尔伯塔大学学生提供探索奇思妙想的机会,让其有可能将一些想法转化为项目、倡议,甚至初创企业。eHUB倡导学生成为变革的推动者,并实施能创造价值的新想法。因此,学生们有平台、有能力为他们的社区、工作场所和组织所存在的问题寻求自身希冀的解决方案。

在城市整体适应力和可持续发展方面,埃德蒙顿以"宜居性"和"可行性"为战略目标来打造既适合工作也适合生活的综合性城市。这一思路是对西方世界工作-居住分离的城乡二元结构以及"居住的逆城市化"现象[1]的质疑和反叛,是期望通过新一轮技术带动经济-人类生活-自然三元和谐共处的最新设想。对此,目前埃德蒙顿市纳入规划的智能科技运用主要包括数据驱动的网络连接、交通系统、医疗系统等,试图通过宽带连接和以物联网为核心的智能基础设施将市民

---

[1] 白永秀. 城乡二元结构的中国视角:形成、拓展、路径[J]. 学术月刊,2012(5):67-76.

联系起来，通过自动驾驶、机器人来促进市内流动性，同时减少碳排放足迹，并通过远程医疗来保障更为均质的健康服务供给。但是，对于埃德蒙顿来说，智慧城市不单只是密集技术的聚合体和试验场，更是需要"让居民在身体上、精神上和情感上联系起来，帮助他们过上健康、安全和快乐的生活"。因此，在大规模建设卫生系统和基础设施的同时，埃德蒙顿城通过支持文化和艺术事业的方式来关心居民的精神和心理健康。市政府鼓励公民发展想象力、发挥创造力，带动起独属于这个城市的文化和生活氛围，吸引更多有趣、有能力的人才流入，形成该城市的良性循环发展。

如今，埃德蒙顿市的人口总数不断上升且持续获得殊荣和赞誉。2022年5月，它被评为加拿大"工作-生活平衡"榜单中的最佳城市，很大程度上达成了其确立的"宜居性"和"可行性"并存的战略目标。[1]这是加拿大智慧城市建设中对于政府与居民、科技与居民关系的一次全新探索，它目前为止取得的成绩从实证层面肯定了居民参与政策规划和决策对于智慧城市建设的正向作用。另一方面，埃德蒙顿的成功也得益于其在投入的新技术和居民生活之间保持了巧妙的平衡，这对于一味照搬照抄技术方案的许多国家和地区而言，无疑是绝佳的反例，为其他已建和在建的智慧城市提供了可靠、科学的借鉴经验。

与之相对，同年提出的加拿大多伦多水岸社区项目有着完全不同

---

[1] MITCHELL L. Edmonton named the best city in Canada for its work and life balance [EB/OL]. (2022-05-05) [2022-05-06]. https://dailyhive.com/edmonton/edmonton-best-city-in-canada-work-and-life-balance.

的现状和结果。水岸社区计划由谷歌子公司人行道实验室（Sidewalk Labs）主导，与多伦多市政府合作，起初，为了将水岸社区打造成以人为本且最具科技性的未来城市先锋，其规划体现了践行高科技乌托邦的愿景。❶然而，该项目开始投建之后，一直受到当地居民的强烈抵制，被批评为缺乏透明度，以及存在重大的数据和隐私安全隐患，最终不了了之。❷2020年5月7日，这个已投入花费近13亿美元，进行了约两年半的项目由官方以项目受新冠肺炎疫情这一不可控因素影响为由，正式宣布终止。

事实上，人行道实验室最早对多伦多水岸社区的建设有着非常宏大的期望，认为它将是实现宏大的未来城市设想与丰厚的商业回报的双赢计划，"此计划有望开创人类历史。"人行道实验室首席执行官多克托洛夫（Doctoroff）曾表示。此外，据人行道实验室估计，水岸社区建设有望为当地增加约4.4万个新的工作机会，增加约3.5万户住宅，并吸引超过百亿美元的投资。因此，人行道实验室在中标水岸社区后，花费了18个月雕琢社区项目的建设规划。从2017年10月水岸社区项目伊始，人行道实验室便组织了多项活动，激发多伦多公众参与规划过程。项目团队征求了全市居民、研究人员、社区领袖和不同政府机构的广泛意见，当时总共有超过21000名多伦多居民帮助制

---

❶ Sidewalk labs [EB/OL]. (n.d.) Sidewalk toronto, (n.d.) [2022-05-06]. https://www.sidewalktoronto.ca/plans/quayside.

❷ LINDZON, J. How Toronto locals soured on alphabet's neighborhood of the future [EB/OL]. (2019-09-06) [2022-05-06]. Fast Company. https://www.fastcompany.com/90390377/alphabet-wants-to-turn-toronto-into-a-digital-city-locals-arent-so-sure.

订了该计划。[1]最终，对于多伦多东部海滨的创新与发展规划被整理为《多伦多的明天：包容性增长的新途径》(*Toronto Tomorrow: A New Approach for Inclusive Growth*)白皮书公布于众，并于同期开展水岸社区的建设。

具体而言，这一创新与发展规划总共包括三卷。

第一卷"计划"提出多伦多水岸社区计划的分批实施阶段及其分别带来的影响，并讨论将创新与技术融入现实环境的规划方法。其中"经济发展"章节详细介绍了智慧社区建设对未来经济走向的影响。

第二卷"城市创新"概述了对于多伦多水岸社区在交通、公共空间、建筑和住房、可持续性和数据这五大方面的畅想蓝图。其中大篇幅地探讨了如何为数据使用创建一个可信的流程。例如，计划中指出，建立城市数据信托基金将有助于确保隐私保护，使城市数据成为公共资产，适用一致性和透明性准则，并对所有多伦多居民公开负责。

第三卷"伙伴关系"详述了新的合作商业提案，包括治理结构、角色和职责、交易经济学、实施计划和风险缓解措施等方面。

由此可见，多伦多水岸社区的智慧化建设不偏不倚地几乎覆盖了全部的智慧领域，其中包含了如智慧电网、能源循环、垃圾智能回收利用等智能城市中较为成熟、已被大量推广的举措，也涵盖了低耗能

---

[1] 王馨. 未来社区 多伦多Sidewalk正式规划传达的社区要点［EB/OL］. 城市中国，(n.d.)［2022-05-06］http://hdd-group.com/zw/index.php?c=article&;id=184.

建筑、新型功能路面、全新物流与交通结构等仍在探索中的全新设想。特别是，规划里的一些技术讨论还只停留在概念层面和实验室阶段。"这个工具还不存在，"人行道实验室首席策略官里特·阿格尔瓦拉（Rit Aggarwala）在接受有关媒体采访时曾坦言，"我们需要打造它，因为目前市面上最好的工具很贵、很慢，且分析结果非常粗糙。"[1]然而，打造任何与时俱进的全新科技都是一项费时费力、有重大风险的投资，多伦多水岸社区的计划书中便包括了太多这样不可评估的技术畅想，这使得投资金额高于预期，回报难以预料，其成本变得不可承受。尽管在技术层面激动人心，但超高的技术成本最终直接导致了实质上仍以商业赢利为导向的公司主导制项目的夭折。

另一个值得注意的点是，从多伦多水岸社区建设开启，直到项目中止，其间关于居民隐私的讨论绵延不断。这一问题的核心在于，将一座城市的公共领域数据悉数交由一家其他国家的商业企业来运营并从中获利，是多伦多居民所不能接受的。此外，水岸社区规划中涉及大量的传感器、摄像头、探测器、光纤等，其每天产生的海量数据虽然旨在提升社区治理的灵敏度，但不可否认，这些数据涉及居民日常生活的方方面面。鉴于水岸社区项目的商业本质，尽管白皮书中反复强调居民数据的公开透明和对隐私的保护，但多伦多市民对此依旧持不信任的态度。例如，很多居民不确定自己的手机数据是属于政府、谷歌还是其他涉及社区建设的第三方，更不确定这将会对他们的隐私

---

[1] CBC, RADIO CANADA. 'not good enough'：Toronto privacy expert resigns from Sidewalk Labs over data concerns | CBC News［EB/OL］. CBCnews.（2018-10-21）［2022-05-06］. https://www.cbc.ca/news/canada/toronto/ann-cavoukian-sidewalk-data-privacy-1.4872223.

带来何种影响。在社交媒体上，也有不少有影响力的公众人物公开表达了对多伦多居民隐私安全的担忧。美国风险投资家罗杰·麦克纳米（Roger McNamee）曾警告说，不能相信像谷歌这样的技术公司能够安全地管理其收集的居民数据，他在给多伦多市议会的信中说："多伦多水岸社区项目是迄今为止最高度进化的……监控资本主义的版本。"他暗示谷歌"将使用算法来影响人类行为"，以便"有利于其业务开展"。[1]这些类似的对水岸社区隐私安全担心的发声一定程度上引发并强化了当地居民的疑虑，因此水岸社区项目的建设方与居民间的嫌隙一步步扩大。

可以说，一方面，超前技术带来的超高成本引发了美国谷歌公司对这项投资的重新考虑；另一方面，当地公众对数据隐私的疑虑和抵抗让加拿大多伦多市政府对该计划的可实施性重新斟酌。最终，在计划开始两年半后，水岸社区项目匆忙落幕。不过，值得肯定的是，多伦多水岸社区的规划中的确提出了许多别出心裁的设计，是几千名工程师与设计师共同智慧的结晶，如模块化建筑、具有温度自适应功能的街道、自动驾驶等，这些技术应用都雄心勃勃，让人大开眼界。虽然，目前这些想法停滞于三卷计划之内，但等到技术发展到可以降低成本以支持大改造、大建设的时候，希望这些设计将会给居民和城市带来更优质的生活体验和更好的明天。

---

[1] Guardian news and media. 'surveillance capitalism'：Critic urges Toronto to abandon Smart City Project［EB/OL］. The Guardian.（2019-06-06）[2022-05-06]. https://www.theguardian.com/cities/2019/jun/06/toronto-smart-city-google-project-privacy-concerns.

（二）美国：基于智能可持续发展的迪比克项目和国家登陆项目

迪比克项目又称智能可持续发展（SSD）项目，是由美国艾奥瓦州迪比克市政府和国际商业机器公司共同推出的公私合作项目，是全美第一个智慧城市项目，国际商业机器公司负责其中的"创建更智能的地球"活动。该项目创始于2009年9月，项目目标简洁、明确——为市民提供其生活所需的信息（如用水、用电、交通、垃圾和健康等个人数据的访问权限）并让市民从中受益（如节约金钱、能源，提高经济效益和环境质量）。迪比克市政府和国际商业机器公司共同宣布，将把迪比克打造为全美首批"智能可持续发展"的城市之一，这是美国智慧城市建设史上的一次重要尝试。[1]

直到今天，迪比克项目当年提出的畅想依然极具启发性，项目致力于将智能能源数据采集与社区扩展服务和项目实施战略相结合。这种模式的巧妙之处在于，它试图通过技术驱动居民合理使用能源并提高生活质量，这一过程本身就是一种有效的公众参与。同时，项目巧用了市民的主动性和能动性，通过将水、电、交通等数据可视化并且为居民提供访问权限，使居民切实感受到自身行动换来的切实收益，如合理用电后降低了电费，运用交通信息提高了出行效率，通过智能仪表使垃圾被更有效地处理等。

从建设成效上来看，智能化地响应市民的需求并降低城市的能耗

---

[1] 2019 Guangzhou International Award for Urban Innovation [EB/OL]. 美国迪比克：智能可持续发展的迪比克，（2014-12-13）[2022-05-06]. http://www.guangzhouaward.org/a/317.html?lang=en.

和成本，的确使迪比克市变为更适宜居住和商业发展的地区之一。❶在迪比克项目进行的一年间：该城市用水量减少6.6%，漏水探测成功率和修补率提高约8倍，77%的智能水表用户通过数据更清楚地了解了自己或家庭的用水情况，而61%的用户利用智能水表成功减少了用水量；智能垃圾处理工程试行期间，垃圾转移率上升了5.3%；城市用电量平均减少6%，这意味着每年全市的家庭电费共减少156.4万美元；68%的项目参与者表示，智能仪表系统帮助他们减少了能源使用量。综合来看，迪比克基础设施改善工程和智能水表系统共节约了65310.26美元的水处理费用，而水资源收入增加了184664.88美元。根据2011年至2012年的迪比克市财政年度统计，城市失水率下降至9.2%。迪比克项目的成功极大地推动了以智能仪表为核心的相关技术在美国以及全世界智慧城市中的广泛使用。

可以看到，不同于水岸社区项目，在迪比克项目中，居民对数据并不排斥，他们乐于接受自身行为被记录和分析，并更加主动地参与数据搜集计划。一方面，在智慧城市早期，居民的隐私保护意识还并不强烈；另一方面，迪比克项目的成功也指出了居民切实从数据中获利的重要性，即双赢局面不能停留在口头或表面，而必须是带来实在利益的。为居民创造看得见、摸得着的利益，可以有效避免居民与政府之间零和博弈带来的邻避效应和不合作现象。❷

---

❶ 2017年度"上海手册"发行：聚焦城市治理［EB/OL］. 解放日报，（2017-10-31）［2022-05-06］. http://m.xinhuanet.com/sh/2017-10/31/c_136716437.htm.

❷ The challenges of 5G and smart cities［EB/OL］. Telecoms.com,（2020-06-16）［2022-05-06］. https://telecoms.com/opinion/the-challenges-of-5g-and-smart-cities/.

与迪比克项目的实施策略类似，美国第一个较大规模化的5G智能城市项目——2021年启动的国家登陆项目，将重心放在"为用户提供数据访问权限，做服务于居民的开发建设"上。国家登陆项目的实施地位于弗吉尼亚州北部的阿灵顿县内，项目开发商JBG史密斯（JBG Smith）与全美最大的固网电话及移动电话电信服务供应商美国电报电话公司（AT&T）合作，在约6千米范围内建立了一个强大的5G网络，覆盖了附近的商业楼宇和办公室、住宅、零售空间，以及亚马逊即将成立的第二总部等地区，希望使该地区成为"全美联网程度最高的城市"。国家登陆项目的潜在用户并不仅是普通居民，还有依托高速通信技术的科技公司、大型企业以及大学与研究中心——阿灵顿县政府希望通过科技公司和高校科研院所的聚集提高当地的医疗和交通水平，为当地居民带来更多的创业和就业机会、教育资源和学术资源。❶

　　面对大数据与隐私安全的潜在风险，美国电报电话公司的高级研发工程师杰森·因斯基普（Jason Inskeep）承认所有这些不断被收集和共享的数据将带来新的威胁。因此，因斯基普指出，美国电报电话公司将采取民主的方式，让所有第三方开发者都能访问数据基础设施，并实行与现在相同的退出和数据安全做法。❷他认为："我们必须思考，让它对美国电报电话公司来说是最好的，但也要让所有人都能使用它。"同时，JBG

---

❶ AT&T and JBG Smith unveil plans to build 5g smart city in D.C. area［EB/OL］. Wireless and Network Information: AT&T News,（2021-07-20）［2022-05-06］. https://about.att.com/story/2021/5g_smart_city.html.

❷ National landing will be the nation's first smart city. now, what the heck does that mean?［EB/OL］Northern Virginia Magazine.（2021-10-18）［2022-05-06］. https://northernvirginiamag.com/home/home-design/2021/10/15/national-landing-smart-city/.

史密斯的首席执行官凯利（Kelly）也强调："我们不是一家数据公司，我们是一家服务公司，而正因为（服务）这个目标，我们将会非常不同。"

（三）借鉴与启示

综上可以看到，美国、加拿大的居民在隐私安全和个人自由保护方面的需求较高，这也是两国智慧城市和社区发展的现实问题。

加拿大埃德蒙顿开放城市计划的成功与多伦多水岸社区项目的失败表明了居民对建设方的信任度是智慧社区成功的一个不可忽略的因素。相比于埃德蒙顿的政府主导，由谷歌人行道实验室主导的水岸社区因为其商业本质更容易引来居民的不信任。另外，埃德蒙顿将政策决定权逐步去中心化，用开放的态度面对每一位市民，相较之下，多伦多水岸社区项目仍然有一定程度的不透明，这或会放大居民内心的不信任感和不确定感。

与绝大多数自上而下、由政府主导的智慧城市和社区实践不同，由人行道实验室主导的水岸社区项目是企业主导的市场化尝试。虽然人行道实验室在考虑到这一点后，加强了与政府的合作，想要在政府、自身和居民之间努力保持平衡，但该规划在数据隐私、赢利模式等方面，触及了大量现存法规政策、政治利益，甚至大众观念中的红线。[1]从时间方面来看，该项目也难以找到短时间内改变制度和意识形

---

[1] Guardian news and media. 'surveillance capitalism': Critic urges Toronto to abandon Smart City Project [EB/OL]. The Guardian.（2019-06-06）[2022-05-06]. https://www.theguardian.com/cities/2019/jun/06/toronto-smart-city-google-project-privacy-concerns.

态的行之有效的方法。制度和观念落后于技术发展将是社会进程中长期存在的现实。同时，该案例也从另一侧面更加表明了在智慧城市和社区建设中保持政府-企业-居民三方关系平衡的难度及其关系的脆弱性，这值得我们在后续实践中加以高度重视。

前后相隔十年的迪比克项目与国家登陆项目的启示在于，我们需要让智慧社区的技术投入给予居民足够多的、可见的利益。居民的认可和参与是注入社区的一股活水，能够激发社区的适应能力和发展潜力。因此，在建设智慧城市和社区时，建设者对居民需求的思考需要与其对技术的思考一样多。❶这无疑不能再停留于口号式的表达上，无论是以政府还是以企业为主导，建设者都应首先考虑如何服务居民、引导居民参与建设，建立与居民之间的信任。

---

❶ 蒙光伟（编译）. Sidewalk Labs的失败与智慧城市的未来 [EB/OL]. 51CTO,（2020-06-17）[2022-05-06]. https://www.cioage.com/article/619102.html.

第七章

欧洲：人文与科技兼具的智慧社区典范

一、概要

自2000年英国南安普顿市启动智能城区建设后，欧洲已历经了2002—2005年的"电子欧洲"（E-Europe）行动计划、2006—2010年的信息社会发展战略时期等几大发展阶段。整体上看，欧洲的智慧城市实践已开展20余年，并取得了颇为可观的成绩。其中，以英国、荷兰、丹麦、法国等为代表，各国均呈现了不少可圈可点的经典案例，吸引了全世界的目光和赞誉。

总体来看，作为世界上发展程度较高的地区之一，欧洲良好的社会经济基础自不必赘述，其信息化发展也较早，各类研究和智能设施的基础条件也相对较好。同时，欧洲国家在城市发展更新的几年间积累的大量实践经验，也帮助欧盟在新一轮智慧城市和社区建设全面铺开时，能够将上述优势及时转化为切实可行的理念目标和实施路径。一方面，欧洲各国的整体目标极为务实，各地政府既不是为了盲目跟风前沿技术，也不是为了在宏观上加强城市管理和城市优化，而是为了具体地、有针对性地改善城市中出现的生活和环境问题。❶另一方面，欧洲的智慧城市和社区建设更重视城市中的居住者，重视以人为本和可持续性原则。❷正如欧洲在人工智能技术领域表现出浓厚的伦理观念一样，欧洲各国对于智慧城市和社区建设也形成了平衡技术-人本原则，确立技术应用边界，以及优先考虑人本意愿的做法。

目前欧洲智慧社区建设重点关注三个层面的价值导向：生态价值、人本价值和创新价值。生态价值是指智慧社区的发展要注重人类生存环境的保护，与自然共存、关注环境的可持续性是其核心意旨；人本价值是指在建设智慧社区的过程中要以人为本，关注人的需求和发展，提升人的生活质量；创新价值是指智慧社区的推进要注重基础研究，要重视通过将现有的基础设施与前沿科技的结合，充分利用市场、社会的力量来支持先进产业生态的协同发展。

二、欧洲智慧社区建设的价值导向和实践路径

（一）价值导向

生态价值

近年来，世界各国均在环境保护方面对各种挑战，如气候变化、

---

❶ 冯奎，彭璐. 从8个方面看中国和欧洲智慧城市发展的差异［EB/OL］. 中国经济导报，（2017-07-28）［2022-05-06］. https://www.iotcomm.com.cn/newsinfo/30.
❷ 远望智库. 欧洲、美国、中国智慧城市的不同实践路径［EB/OL］. 中国智慧城市导刊，（2018-04-06）［2022-05-06］. https://www.secrss.com/articles/2035.

资源过度消耗、生物多样性减少以及环境污染等问题。反观欧洲，作为整体较为发达的地区，更绿色、更环保的生活空间一直是其智慧城市和社区建设的关注焦点，各国政府强调资源的合理配置，避免消耗浪费，同时开发新型能源，并注重培育市民可持续发展的理念。

早在2011年，欧洲的智慧社区建设就在最近全球开始关注的低碳、碳中和和碳达峰等方面频频发力，发起了"智慧城市和社区计划"（Smart Cites and Communities Initiative）、"智慧城市和社区的创新伙伴关系计划"（EIP-SCC）等，重点利用信息和通信技术来缓解交通污染问题，合理进行绿色空间布局，提高空间利用率，提升能源使用效率。例如，这些计划巧妙利用相关科技环保装置——智能仪表、高效供热和制冷系统、零排放建筑等，使整个社区形成能耗循环供给，最大限度地减少碳排放，同步提升居民生活质量，达到人与自然和谐共处。同时，创建绿色的智慧社区，不仅需要环保设施装置等的投入，欧洲各国政府还鼓励在居民间倡导绿色文化，宣传保护生态的理念，来帮助社区居民提升其人文道德素质。

下文即将详述的英国伦敦市贝丁顿零碳社区的建设经验颇具参考性。该社区通过巧妙的设计，使用各种可循环利用的建筑材料来构建房屋等基础设施，成为世界上第一个零二氧化碳排放的社区。在社区建造过程中，大部分建筑材料是从建筑场地回收再利用的。社区内建筑较为紧凑，这减少了建筑的散热面积，这些社区建筑通过一系列加固设施来防止热量流失等。此外，在基础设施方面，该社区同时建有独立完善的污水处理系统和雨水收集系统，使水资源能够得到循环利用。良好的公共交通设施的建立和"步行者优先"等绿色出行政策的施行，更是使社区居民受益良多。与同类型的社区相比，以上各种措施不但使该区居民的生活质量保持了一贯的高水准，而且还在节能和可持续发展方面凸显优势。这不仅是技术对建筑进行改造的效用，还是在社区居民中提倡生态绿色理念的成果，促进了整个社区的绿色化可持续发展。

人本价值

在西方社会的城市发展传统当中，社区是互为基础、相互信赖且具有一定社会凝聚力的集合体。作为一个历史概念，社区既带有天然的地理边界，同时又是文化边界的体现。在社区之中，居民之间关系亲密，会形成互助团体，对于社区发展有共同的目标。

一直以来，欧洲智慧社区发展的主要逻辑是以人为本，这符合西方现代城市发展中将社区视为相互信赖、具有一定社会凝聚力的集合体的传统。欧洲智慧城市建设中的以人为本主要包括以下三个方面。

一是关注民生效益，尊重社区人口全方位的生存和发展，在就业、医疗、文化、健康、养老等生活服务方面，对其进行综合的考虑和保障，强调通过先进技术来使人的生活变得更智慧，帮助居民有效管理生产、生活、消费的方方面面，以提升居民生活质量。

二是高度尊重居民的意见和能动性，充分考虑居民的直接参与和社区的及时反馈。居民可结合自身需求，在社区建设的各个阶段提出符合社区总体目标的想法与建议，打造居民能参与其中的、具有个性化和人文底蕴的未来智慧社区。譬如，荷兰阿姆斯特丹市的生活实验室（Living Lab）、开放数据、众包众筹等面向知识社会的"创新2.0"

平台搭建模式，它们以全新的方式积极尝试让市民更好地参与创新进程，成为服务设计与创新的主体，消弭需求与技术实现间的鸿沟。

三是强调人文传承和历史关怀，在发展过程中更加偏向对本地优秀的历史文化遗产和传统的保护，以此确保自身独特的文化脉络的延续和居民独有的文化生活品质的保持与提升。例如，作为拥有众多文艺复兴时期宝贵遗产的城市，意大利的米兰市在遵循欧洲智慧城市理念中包含的智慧经济、智慧公众、智慧管理、智慧移动、智慧环境、智慧生活等主题的基础上，还增加了对智慧历史文化的传承，在构建数字城市的基础上，当地实现了环境、文化、社会的和谐发展，如今在米兰街头，我们仍可见到具有古老历史的有轨电车，这也是当地居民为之自豪的米兰特色之一。

协同创新

尽管本身的技术、研究和基础设施条件已较为先进，但欧洲在智慧城市和社区建设中仍注重抓住新一代人工智能技术发展的机遇，通过物联网基础设施、云计算基础设施、地理空间基础设施等新一代信息技术搭建以及社交网络、微观装配实验室（Fabrication Lab）、生活实验室、综合集成法等工具和方法的应用，实现全面透彻的城市感知、宽带泛在的互联、智能融合的应用以及以用户创新、开放创新、大众创新、协同创新为特征的可持续创新发展模式。

同时，创新离不开政府、企业、公民、社会的协同合作，欧洲智慧城市在利用政府与社会资本合作模式上也走在了世界前列，将产业界和各类市场主体发展为智慧城市建设的主力，充分利用上述技术创新的机会来鼓励市场力量进行投资、创业、产业转型升级等活动，实现创新驱动和协同合作的城市建设模式。例如，德国柏林市在开展智慧城市建设时，市政府只负责顶层策略规划的制定和建立公开开发的数据平台，然后，由柏林市政府和私营企业共同出资成立本市的经济促进机构——德国柏林伙伴组织（Berlin Partner for Business and Technology），来进行实际建设和试点区域的运营工作。德国另一大城市波恩市为了实施"数字化波恩"战略，委托德国著名软件公司Axxessio帮助设计软件，建立数字化城市建设平台，成立了由70多位来自政府部门、企业、高校、工商联合会等组织的成员参加的数字化城市建设委员会，其中，市政府拨款75万欧元，200家私营企业出资270万欧元，并向州政府和欧盟申请资金支持，共同开展智慧城市建设。[1]

（二）智慧社区建设的技术路径

大体上，虽然欧盟的智慧城市建设极为重视自下而上的公众参与，但归纳起来，欧洲智慧社区仍符合由政府主导、由点到面的建设模式，即具体由政府来规划建设框架，而后逐一落实到各个社区，该模式归纳起来，其要点主要是政府主导、社区主营，以及企业、非营利部门和居民的参与。[2]政府出台智慧社区的建设指南，社区制定建设纲领与建设方案，并对社区内资源的组织、管理、有效利用等情况进

---

[1] 杨晓蔚. 德国智慧城市建设的经验及对浙江的启示［EB/OL］. 政策瞭望.（2019-07-12）［2022-05-06］. http://www.fjlib.net/zt/fjstsgjcxx/hwsc/201907/t20190702_429848.htm.
[2] 王广斌，崔庆宏. 欧洲智慧城市建设案例研究：内容、问题及启示［J］. 中国科技论坛，2013（7）：123-128.

行评估和保障。

麦肯锡全球研究院（McKinsey Global Institute）在针对欧洲部分城市居民的调查中发现，很多市政机构都在社交平台上积极发声，还有一些企业通过开发App，与市民们互动，这些渠道能有效传播政府、企业的智慧社区理念和建设路径，使收集居民自身的数据成为可能。例如，法国巴黎实行参与式的预算编制模式，市民们可在线提交对于项目的建议，召开线上投票，由公众自行决定哪些项目可获得资金支持。在英国，智慧城市建设往往采用多方参与制，其中尤其常见的是"智慧城市框架"（Smart City Framework），这一专门供各级部门领导者使用的智慧城市方案能够提供可行的操作建议，并根据参与促进英国智慧城市的各类公私以及志愿部门达成的共识，反映和推进目前的有效实践。[1] "智慧城市框架"主要由英国市政部门发起并制定一定框架内的大致政策，积极吸纳其他关注、领导、设计城市社区环境的利益相关方，比如，希望参与到社区建设项目，从而提升自身盈利的私营部门管理者，或者一贯积极参与城市社区发展的志愿组织中的领导者以及社区创新人员代表等。

可以看到，欧洲智慧社区的建设路径提倡"平移领导力"的运用，即政府要不断调整自上而下的力量，包括政策、采购和投资等方

---

[1] BSI标准有限公司. 智慧城市框架 - 智慧城市与社区战略制定指南［EB/OL］. 英国标准协会，（2014-02-20）［2022-05-06］. https://www.waitang.com/report/26520.html.

面，以便于使普通人、社区和企业从中被赋权。[1]即便政府在智慧城市和社区建设中仍处于主导地位，但它们的主要作用不是"喧宾夺主"，不是直接引导变化，而是为企业、市民和社会组织创造可以从中获得成功的条件。因此，在欧洲的智慧城市和社区建设中，往往存在着政府下设的数据开放机构，以及大量的政、企、民共同出资合作的联盟和政府专门设立的、用于鼓励本地初创企业发展的投资机构等。它们之间分工明确、职责清晰，实现着智慧城市规划、产业创新、生态培育和市民社会参与的协同发展。

三、欧洲智慧社区案例

（一）瑞典斯德哥尔摩市哈马尔比社区

瑞典的斯德哥尔摩市曾经摘得全球智慧城市的桂冠，该城市中最具代表性的社区是哈马尔比，此社区创建了极富特色的绿色生态模式，主要包括垃圾分类处理、水资源管理及新能源循环等多种举措，是世界闻名的环保低碳社区之一。在垃圾处理方面，该社区建立起收集与输送垃圾的自动化系统：每个垃圾桶均安装感应器，当垃圾达到一定量时，地下管道即会启动自动回收垃圾功能，且每次只会回收一

---

[1] 里克·罗宾逊. 政治领袖建设智慧可持续发展城市的四种方式 [EB/OL]. 国际电联新闻，（2016-04-10）[2022-05-06]. https://www.itu.int/dms_pub/itu-s/opb/gen/S-GEN-NEWS-2016-P2-PDF-C.pdf.

种类别的垃圾，并通过划分不同垃圾处理的时间，节约垃圾管道的铺设与使用成本。由此，社区内的垃圾桶能够保证一天自动清空两次，这不仅提升了处理垃圾速度，也避免垃圾车在社区内来回辗转，影响到居民生活和环境的整洁度。在资源利用方面，哈马尔比社区内建有专门的污水处理厂，用于有效降低废水中的有害化学物质含量。为更好地对废水进行净化处理，该污水处理厂在建设之初就考虑到要将大自然产生的雨水、雪水等与生活污水分开处理。其中，自然雨水、雪水等会被引入波罗的海，以减少污水处理的负担。另外，家庭生产生活中从厨房、厕所流出的废水，经过泵站收集后，再统一被输送至处理厂处理，以此提高生活污水的单次处理效率。污水处理厂在处理污水的同时，还可利用相应的技术处理装置获得沼气，从而为居民生活提供燃气，形成闭环，降低可利用资源的消耗，提升废弃资源的利用率和周转率。

此外，哈马尔比社区还统一为居民安装低用水量马桶、节水洗碗机、太阳能电板等家居设备，以降低日常生活中的居民用水量，并帮助住户利用太阳能等可再生能源进行家庭能源存储，以备不时之需。总之，尽管只偏重社区能源节约和环境生活改良，但哈马尔比社区一系列新颖、周到的节能减排和资源回收利用举措，无疑做到了极致，实现了已有先进技术和社区环保需求的完美结合，在减少人力投入的基础上，极大降低了能源消耗量和垃圾处理量，使整个社区发展成为一个可持续、自动化、智能化的宜居之所。

（二）荷兰海尔蒙德市布兰德福特新型智慧社区

荷兰的智慧城市和社区建设一直在世界范围内都相对领先。2018年，荷兰南部的海尔蒙德市布兰德福特社区开始着手设计名为"超级大脑"（Brain Port）的智慧社区，试图利用约十年的时间打造一个现代化的"世外桃源"。❶这一构想与荷兰多年来积极融合信息科技、人工智能、大数据等技术要素在智慧城市和社区建设里的路径的方针保持了一致。布兰德福特社区的"超级大脑"在英文中意为"大脑端口装置"，后者是近些年开发的新型智能仪器，其最初的工作原理和目标是将传感器安装于舌尖，用以刺激大脑神经，通过此方式来让残障人士接收周围信息，从而改善他们的生活质量。布兰德福特新型智慧社区构建采用了与大脑端口装置设备类似的原理，目的是让每个居民都有接收、处理并共享生活信息与数据的机会，最大限度地发挥数据与信息的作用，提高居民生活的便利程度。

在布兰德福特新型智慧社区的规划方案里，该区域将安装路灯传感器并用于监测环境质量，如PM2.5、噪声指数等数据，这些数据会实时传送到社区单独设立的网站当中。居民可以在线和专家探讨是否可以在社区内增加相关的防噪声设施，或控制、净化汽车尾气排放的装置等。在生活居住方面，规划方案考虑让居民获得访问建筑信息服务器的权限，来观看建筑的三维模型，了解建筑的材料、空间、资源

---

❶ 荷兰在线. 世界上最智能的社区长什么样？荷兰人打造现代化的"世外桃源"［EB/OL］. 腾讯内容开放平台，（2019-04-04）［2022-05-06］https://page.om.qq.com/page/O2Ry1Fsr4mD_ZqS18nd5tYuA0.

配置供给等具体信息，还可对社区今后的住宅分配或建设提出建议。居民也可参考三维信息自行对居住空间做出调整。

在交通出行方面，和全球许多城市和社区一样，布兰德福特新型智慧社区致力于通过收集数据，让交通变得更有效率。除了目前主流的交通出行方式，布兰德福特新型智慧社区大力推行电动交通。社区建立的智能电网在给汽车充电的同时，也会收集该车的行车信息和用户的出行数据，以此推算居民的出行偏好，帮助其规划更合理的出行方式和路线。通过数据的不断完善，布兰德福特新型智慧社区试图建立一个完整的交通数据网络，将所有信息和交通管理后台做整合，未来社区居民的出行将完全由网上服务系统规划，使交通工具之间能够做到即时衔接。

（三）德国慕尼黑步兵街

在德国慕尼黑步兵街（Infanteriestraße）街区内，现代都市住宅的典型样板Van B项目以其高度灵活、高度数字化、室内外空间共享的新特点，为当地居民定制了全新的生活方式。该社区项目从建筑设计的视角重新诠释了智能化概念，以适应当代家庭人口数量不断变化和家庭模式更加多样化的发展趋势。

其中，项目最富特色的设计被称为"多功能组合模块"（multi-functional modular），每个模块代表一种可选择的空间样式，如办公、健身、睡眠等空间样式，居民们可以根据自身的实时需求，从九个基础模块中任意选择。所有的模块都内置于设计好的一套网格系统内，每个模块都以网格为基础，无论居民选择哪一个模块，都会有另一个模块与其连接和配置，模块间可以协同配合。这种智能化的设计大大提升了传统建筑的灵活性，满足了多样化的空间需求，同时兼具了足够的舒适度。

除了内部空间的智能感，该项目还关注内外空间的连接，尤其关注室外空间对于居住体验的重要性。例如，建筑通过立体化的凸窗将阳台与街道相连，将室内的空间延展，造就与室外景色融为一体的观感。立体化的阳台设计在扩大景观观赏范围的同时，也较好地保留了个体住宅的私密性和安全性。

Van B项目在保证居民个人隐私的同时，充分表达了对共享概念的推崇。Van B项目在社区内打造了面向所有居民的屋顶阳台、厨房和休息区域，为人们的休闲娱乐和社交互动提供了平台。该项目设计师本·范·贝克尔（Ben van Berkel）认为："此次新冠肺炎疫情更加凸显了社交关系对人类的重要性，它现在比以往任何时候都更显重要。我们看到许多人渴望并且需要定期与家人、朋友还有邻居见面，而在邻里之间，彼此的相遇是自发的，因此，社区需要营造相关的配套设施。建筑设计可以创建空间框架，比如打造新的交往空间，为邻里之间自发的相遇和沟通创造便利。"❶

（四）英国伦敦贝丁顿零碳社区

本章的最后一个案例将聚焦目前热门的低碳社区话题，通过展示

---

❶ A963设计网. Van B住宅|全新的"模拟智能"城市生活概念［EB/OL］. 腾讯网，（2021-05-07）［2022-05-06］. https://xw.qq.com/cmsid/20210309A05SE100.

伦敦贝丁顿零碳社区的实践和成就，向大家展现欧洲智慧社区在绿色环保和可持续发展上的不懈努力。贝丁顿零碳社区是全球范围内较早将可持续发展的低碳观念嵌入到社区建设当中，并取得显著成效的项目之一，也是上海世博会展出的零碳社区的原型。[1]

该社区主要有两方面的经验值得借鉴。

一是从设计之初，社区就全面考虑减碳举措。比如，利用可回收材料进行建筑建造，建立独立的污水处理系统以及雨水收集系统，居民家中也多安置节水马桶、节水喷头、节水水龙头等设施；利用朝阳玻璃房设计、特殊材质、屋顶植物等吸收阳光热量、调节室内温度，并在房屋温度过高时自动存储热量，在低温时释放，从而降低冷暖气的使用频率和能源消耗。在交通出行方面，社区搭建自行车库、车道，以及供婴儿车和轮椅通行的特殊通道等，并在人行横道设置良好的照明装置，推行步行者优先和电力出行的政策，让电动车可以免费在社区内充电。

二是社区内有着较为完善的管理体制。该社区三分之一的房子为居民自住房，另有三分之一租给中等收入家庭，其余的住宅则进行市场化出售，使不同阶层可共同入住同一社区。同时，为了确保居民间和谐相处，贝丁顿社区创建了读书俱乐部、酒吧等交流场所和专属的社区简报、社区博客等线上平台，并开设了瑜伽、健身课程等，引导与培养居民在建立健康、环保的生活习惯时，也能拉进邻里关系，促进人与人之间关系的和睦。

---

[1] 微能源网产业联盟. 低碳生态城市的样板间——英国贝丁顿零碳社区［EB/OL］. 搜狐网，（2017-10-24）［2022-05-06］. https://www.sohu.com/a/199972971_99895902.

四、借鉴与启示

通过了解欧洲的智慧社区创新案例，我们大致了解了欧洲智慧社区建设的价值导向及实现的基础路径。不难看到，欧洲各国、各地区的智慧社区建设都重视贯彻环保理念，追求人与自然的和谐相处；许多欧洲城市和社区对智能技术的追求并不盲目，而是落脚于当地社区的本地化需求和对提升居住舒适度体验感的追求上，尤为关注交通出行和能源智慧化，以及如何进一步增强市民的参与度，构建可持续发展的城市社区生态。

此外，鉴于欧洲整体的数据信息系统发展已较为完善，且欧盟是世界范围内较为关注人工智能技术和隐私保护边界等伦理规范的地区，欧洲各国政府在智慧城市和社区建设中也关心如何既利用好大数据的技术分析，又保障好市民的隐私权益。对此，阿姆斯特丹首席技术官办公室曾表示，建设智慧城市的每时每刻都要确保参与项目的商业公司不会将自身利益置于民众利益之上。

荷兰的智慧社区建设不仅体现了人工智能技术对居民生活有效且深度地嵌入，还在信息保护方面做出了卓越成绩。欧盟曾选择荷兰阿姆斯特丹市作为数据保护项目的试验点。该项目的主要实施策略是为阿姆斯特丹地区的1000名居民提供一个应用程序，由居民决定是否将个人的信息数据上传给公司或政府以获得更好的服务，并由居民们自行决定上传的数据数量及该数据将被如何使用。例如，市民们可以决定将他们去过的公园位置数据只提供给政府的信息中心，而不提供给私人企业。在阿姆斯特丹开展的第二个试点项目是关于数字合作平台

"区域在线"（Gebiedonline），人们可通过此平台看到本地的相关活动和网络情况。阿姆斯特丹市议会准备以一种保护本地网络隐私的方式在全市范围内推广该项目，让居民自行决定分享信息的内容。可以看到，阿姆斯特丹市民的高参与度和高自主性是这两个试点项目中的显著特点：只有尊重居民的意愿，才可以有效保障数据隐私的安全性。这也是欧洲智慧社区建设中"以人为本"的鲜明体现和一贯做法，值得世界其他国家和地区认真借鉴。对我国而言，未来应当基于国情，结合我国独有的社会治理模式、治理价值取向以及各地不同情况，构建出具有中国特色的智慧社区建设模式。

8

第八章

亚洲：后来居上的未来之城

一、概要

当欧美国家凭借自身积淀已久的科技与经济实力，在智慧社区的探索上领先世界之时，以新加坡、日本、韩国为代表的亚洲发达国家也不甘人后，在本国的智慧城市与智慧社区领域涌现了一批不断探索的先驱者。相较于欧美国家，亚洲发达国家近年来的城市扩张速度更快，成为高密度人口和高能源消耗聚集的典型地区，面临着前所未有的压力。如何在新一轮前沿技术萌发和应用之际，合理规划城市，探索更为理想的智慧化解决方案，成为许多亚洲发达国家的必答题。

早在21世纪初，新加坡与韩国就分别提出了利用数据优化城市居民的居住分布、交通出行和健康管理等方面，构建基于数据与人工智能的智慧城市。2005年，日本启动"东京泛在计划"，以互联互通的信息基础设施建设为基础，打造"基于电脑终端通信"的向导社会。[1]2010年，日本又在横滨市、丰田市、京都市和北九州市四个地区

---

[1] 沈山，曹远琳，孙一飞. 国际智慧城市发展实践与研究前瞻[J]. 现代城市研究，2015（1）：42-48.

启动了智慧城市试点项目,以能源领域为中心,开展了在智能社区如何高效使用与管理能源的实验。自不同的提案被提出起,亚洲各国政府在过去的十几年间依据这些方案不断试验并创新城市治理技术,不断改进智慧社区的规划理念,一面将科技进步稳步融入城市规划,一面大胆尝试新的技术突破。目前,"智慧国家2025"计划让人口密集的新加坡交通更顺畅,道路出行有条不紊;第四次工业革命前沿技术的融合落地使韩国建构了世宗与釜山两个具有示范性的未来智慧城市;日本则以"3E"(即能源保障、环境保护与经济效率)为基准,打造出了"柏叶新城"与"藤泽模式"等案例,着力解决本国长期面临的资源环境压力。

尽管上述各国均在智慧城市建设上取得了一定的成绩,但绝大部分亚洲城市都还有更大的上升潜力。[1]一方面,亚洲国家数据智能化和隐私安全的矛盾日益加剧。居民隐私保护意识还将进一步提升,对人机交互过程中隐私泄露的风险感到隐隐不安。另一方面,技术简单化、标准化、一刀切的特性与社会生活的复杂性冲突一直存在。曾经被称作"切尔诺贝利式的鬼城"的韩国松岛新城,以及富士山脚下的"编织之城"(Woven City)等,都印证着技术与生活的辩证关系:技术实实在在地提高了居民的生活质量,但生活的多面性远不能被技术完全覆盖。

相较于北美洲和欧洲地区相对同质化的价值理念和发展路径,处

---

[1] 罗梓超,吕志坚. 亚洲智慧城市建设研究及对北京的借鉴[J]. 城市管理与科技,2015(5):80-83.

于发展上升期的亚洲国家和城市间异质性色彩浓郁，本章将以日本、新加坡、韩国为例，分别分析各国基于各自国情形成的有本土特色的智慧社区价值导向与技术路径，并通过分析韩国松岛与日本"编织之城"存在的问题，讨论当地居民对未来智慧城市中数据采集、自动化与人机交互的看法。本章希望以此为镜，将试验原型中的"得与失"更清晰地展现出来，更好地将成功的经验应用于未来每一座城市和每一个社区的智慧化建设。

二、新加坡——政府主导与数据驱动的智慧国

新加坡位于马来半岛南端，是一个占地710平方千米的热带小国，拥有约500万人口，其中有华人、马来人、印度人与欧亚混血等四大族群。❶瑞士洛桑国际管理发展学院（IMD）和新加坡科技设计大学（SUTD）联合发布的《2021年智慧城市指数》（Smart City Index 2021）报告显示，新加坡连续三年稳居全球智慧城市排行榜的首位。❷总体来看，新加坡较早就通过大数据规划管理住宅、交通出行、教育健康等方面，是一座充满技术活力的世界级城市。同时，在尊重各个族群的文化的基础上，以信息数据驱动的新加坡规整城市，但不规训

---

❶ Ministry of Foreign Affairs Singapore.（n.d.）［2022-05-06］. https://www.mfa.gov.sg/Overseas-Mission/Hong-Kong/CN/Hong-Kong-CN/About-Singapore.

❷ 2021 global smart city index published［EB/OL］. elemental.（2021-10-14）［2022-05-06］. https://www.elementalexpo.com/2021-global-smart-city-index-published/.

文化，族群的多样性赋予了新加坡不同风貌的文化、宗教、美食、语言和历史特色。新加坡对数据与居民关系的得当处理，也为各国智慧城市和智慧社区的建设提供了借鉴与启示。

（一）新加坡智慧社区的价值导向和实践路径

新加坡的愿景是将国家打造成无缝整合信息技术、网络和数据的智慧国，通过数据信息驱动行政效率提升，从多个层面提供更加优良的公共服务，从而在根本上以技术促进公共价值的提升，改变人们的生活、社区和未来。❶因此，新加坡在利用信息技术发展电子政务方面表现突出，数字政府方面的相关应用走在世界前列。同时，作为高收入国家，无论是互联网的接入率还是智能手机的普及率，新加坡都处于全球领先位置。例如，在信息技术使用方面，87%的新加坡家庭接入了互联网，72%的新加坡国民是互联网用户。❷互联网对新加坡社会的广泛和深度渗透，为新加坡利用大数据进行治理奠定了很好的基础。同时，小规模、高密度的特点也为数据采集与利用带来了得天独厚的优势，使其能够跨越许多大国在智慧化过程中无法逾越的障碍。

在技术路径方面，新加坡较早就开展了基于数据的智能决策和创新性利用，且在实践中达到了较高的水准。2006年，新加坡资讯通信

---

❶ 头条. 新加坡，全球智慧城市之首，凭什么？[EB/OL]. 新加坡新闻头条，（2020-10-22）[2022-05-05]. https://toutiaosg.com/.

❷ 马亮. 大数据技术何以创新公共治理？——新加坡智慧国案例研究[J]. 电子政务，2015（5）：2-9.

发展管理局（IDA）宣布启动为期10年的"智慧国家2015"计划，致力于将新加坡建设成一个以信息驱动的智能化国度和全球化都市。到2014年，在总理李显龙的大力推动下，新加坡继续提出了"智慧国家2025"计划，拟建设覆盖全岛的数据收集、连接和分析的基础设施及操作系统。[1]

在具体实践中，新加坡确定了国家、企业和国民共同参与的模式，由政府出面统一管理，建设一体化的城市级平台和大数据中心（云计算中心）；在业务级平台及应用系统软件平台系统上统一开发、建设和部署，有效避免"信息孤岛"以及系统重复开发和资源重复配置的弊端，全面践行以政府为主导，统一领导、统一规划、统一标准、统一平台开发的"四统一"原则。同时，新加坡政府对智慧城市的建设提供有力的行政支持与充足的资金保障。在新冠肺炎疫情的影响下，很多国家财政开始吃紧，并削减了智慧社区相关的投资，但新加坡政府"反其道而行之"，2020年6月，新加坡政府科技局宣布，新加坡当年在信息通信科技领域的政府采购投入，预计将高达约35亿美元，高于上一财年的27亿美元。同时，新加坡政府的"小国大政府"模式还给予了强有力的行政支持力度。作为智慧城市建设中的主导力量，高效、廉洁、透明的新加坡政府是其吸引外部投资、推动信息产业发展的重要推手。在标准政策制定方面，新加坡政府自上而下制定了诸多标准，例如，传感器网络标准确保对从各地传感器收集来的数

---

[1] 新加坡智慧组屋社区［EB/OL］.狮城新闻.（2022-02-13）［2022-05-06］. https://www.shicheng.news/v/eq7Mv.

据进行即时分析；物联网基础设施设计标准，用于提高物联设备灵活性的同时，保护各机构之间互相传输数据的安全性；应用于医疗、交通和城市生活等的技术产品标准则是为了确保使用的安全性。

在企业和国民参与方面，新加坡广泛征集各方意见。例如，早在"智慧国家"计划筹备期间，新加坡就开展了学校竞赛，在民众中开启讨论活动，了解国民对于信息通信技术应用的梦想与展望，并发起了多轮产业内讨论，邀请国际专家、咨询机构等参与，给予诸多建议。

（二）具体案例

榜鹅北岸智慧组屋

2020年，新加坡首批具备智能设施和永续智能设计的住宅区榜鹅北岸组屋落成。作为新加坡建屋发展局（新加坡公共住宅权力署）"绿色城镇计划"中的典型案例，榜鹅北岸住宅区的智慧性、宜居性和可持续性体现在方方面面。❶住宅区拥有新加坡首次试行的智能停车系统，摄像头会自动识别和记录车牌号码，车主只要在手机应用程序上进行操作，即可查看停车时间并缴费；住宅区支持智能家居，家庭内配置智能插座和配电板以及各类智能应用程序，例如，家庭能源管

---

❶ 德勤. 有目标的城市未来：2030年塑造城市未来的12种趋势［EB/OL］.（2021-12-04）［2022-05-06］. https://www2.deloitte.com/content/dam/Deloitte/cn/Documents/public-sector/deloitte-cn-ps-12-trends-shaping-the-cities-in-2030-211201.pdf.

理系统和老人监控系统，能实现对全屋能源消耗的有效管理，帮助提升部分不善使用新技术的家庭的生活品质；小区内设有智能气动垃圾收集系统、智能路灯、楼道内智能照明系统、屋顶太阳能板系统等，最大化节省能源消耗，提高能源使用效率。新加坡建屋发展局希望在榜鹅北岸区加强对绿色科技的运用，让住宅区更环保、宜居。❶

合力追踪

针对新冠肺炎疫情，新加坡政府科技局与新加坡卫生部合作，推出名为"合力追踪"（TraceTogether）的移动应用程序，以追踪新冠肺炎病毒感染接触者的行动轨迹，从而有效阻止病毒传播。"合力追踪"不收集或使用任何类型的用户位置数据，也不访问用户的电话联系人列表或地址簿。它只使用蓝牙来建立数据联系，且并不存储相关联系发生地点的信息。而且，该应用程序不会将数据上传给任何组织及机构，所有收集到的数据都存储在用户的本地手机上，并进行加密。如果有人被确认感染新冠肺炎病毒，有关部门将要求他们自主上传数据，以便于追踪与其有密切接触的人。可以说，"合力追踪"在遏制新冠病毒传播的同时，最大限度地保证了居民的隐私。❷

作为目标清晰、实践已久、技术领先的智慧城市建设的代表国家，新加坡培养了良好的数据治国的土壤。例如，政府通过随处可见

---

❶ 李妍珊. 本地首个智慧组屋区 榜鹅北岸组屋落成［EB/OL］. 视界新闻网，（2020-12-30）［2022-05-06］. https://www.8world.com/singapore/punggol-northshore-bto-1351381.

❷ 腾讯科技.新加坡推出抗疫"神器"：打开手机蓝牙，就能知道身边人是否危险［EB/OL］.（2021-03-21）［2022-05-06］. https://tech.qq.com/a/20200321/002054.htm.

的宣传与稳妥的实践让相关理念深入人心。新加坡在智慧城市和智慧社区的建设中，不仅追求和大量使用先进技术，更是温和谨慎地处理人与人工智能技术的关系，将智能科技作为点缀居民生活的亮点，而非生活本身，这一点无疑是值得其他渴望在智慧城市和智慧社区建设中得到成果的发展中国家借鉴。

三、日本——企业主导对能源与自动化的新探索

（一）日本智慧社区的价值导向和实践路径

日本从其自然资源匮乏、灾害频发的国情出发，在智慧城市与社区建设中着重于节能环保，以及能源利用的智慧化和城市建设的信息化，以电力、煤气、水道等基础设施和能源供给为核心，借助信息与智能技术对交通、农业、公共健康、建筑等重要领域进行垂直整合。❶从整体上看，日本以国家为单位优化能源系统，提高电力、燃气、排水、通信、交通的智能化程度；从中端层面看，日本以城市或社区为单位，增添传感设备，完成信息收集，为实现高效的城市服务打下数字信息基底。

日本政府和财政规模相对较小，民间企业是其国家经济发展的主

---

❶ 瞿晶. 华高莱斯：探秘世界智慧城市建设的引领者——日本［EB/OL］. 腾讯网，（2020-03-14）［2022-05-06］. https://new.qq.com/rain/a/20200323a099xx00.

导。[1]民间企业资本也是其智慧城市建设的主体力量。民间企业通过自身资源优势，吸引学界与业界参与，完成对智慧城市与社区的打造。在此过程中，大型企业往往处于主导地位，可以联合多个中小型、专业型企业发挥各自优势，完成建设。例如，松下集团在藤泽市探索、打造了可持续的智慧城镇，并创造了"藤泽模式"；此后，松下集团还提出了利用光纤技术装备城市，推动实现智能家庭、智能学校、智能医院等；丰田汽车公司在丰田市创建了智能低碳示范小区，并率先提出"智能化高速公路"设想；三井不动产公司则打造了闻名遐迩的"柏叶新城"项目，并在不同阶段吸纳了以节能技术为主要研发方向的日立公司、以精密测量为主的国际航业、以建筑设计闻名的日建集团等20余家专业企业，成立城市设计中心，还整合了东京大学、千叶大学等高校研发力量，共同商议规划、建设和使用中可能存在的问题，不断调整规划方案。[2]

当地政府主要扮演推动者和协调者的角色，往往在市场自主运行至一定程度后介入。[3]当地政府在智能社区的建设中侧重于政策导向、资金扶持、总体规划等责任，确定发展智慧城市的重点区域和重点项目，参与城市基础设施建设和后期的运营调整、维护工作等。作为推

---

[1] 王新生.政治体制与经济现代化："基本模式"再探讨[M].北京：社会科学文献出版社，2002：82-83.

[2] 赵琦.日本是如何打造智慧城市[EB/OL].知乎专栏，(2022-05-05)[2022-05-06].https://zhuanlan.zhihu.com/p/499772995.

[3] 丰田汽车研发中心访问汽车城及数据中心.SHEVDC：上海市新能源汽车公共数据网[EB/OL].上海市新能源汽车公共数据采集与检测研究中心，(2016-12-22)[2022-05-05].https://www.shevdc.org/cooperation/international_cooperation/1728.jhtml.

动者，日本政府各部门在各个领域都有着明确的分工，确保能够高效参与。例如，由总务省负责数据有效利用，由国土交通省负责"紧凑型城市+网络型城市"建设，由农林水产省负责智能农业建设，由厚生劳动省负责健康大数据收集、处理等。[1]作为协调者，政府也会参与到智慧城市与社区建设各方——包括实际建设者、科技公司、当地居民、基础设施所有者、潜在使用者——的协调与沟通当中。政府有责任站在各方立场上来制定协调统一的建设方案，确定全局最优解。日本政府会逐年分区跟进建设计划，根据实施情况与现状适时修改。总体来说，日本政府参与分工，长期跟进，监督了智慧城市的建设，为不同立场群体的沟通起到了较好的桥梁作用。

（二）具体案例

日本柏叶新城

作为日本首个智慧城市，柏叶新城于2014年7月全面完工。如前所述，该社区是由日本房地产巨头三井不动产主导，与日立公司、日建集团、国际航业集团等20多家企业强强联合开发的集住宅、商业设施、酒店、写字楼等为一体的综合性社区项目。柏叶新城距东京中心城区约30千米，是东京的卫星城之一。21世纪初，东京不仅面临着人

---

[1] 杨巍. 日本智慧城市建设的经验及借鉴［EB/OL］. Govmade,（2020-11-04）［2022-05-06］. https://www.govmade.cn/sma/20201104/508632134882164736.html.

口拥挤、居住困难等大城市的通病，同时城市经济发展相对停滞，人口活力低，老龄化程度严重。面对这样的情况，柏叶新城定位于"智慧城市"理念，试图通过"环境共生都市""新产业创造都市"和"健康长寿都市"三大都市理念吸引更多大东京地区的人才，特别是年轻家庭前来定居。

在环境与基础设施的建设中，柏叶新城有效利用了当地特有的多样自然环境资源，通过推进节能、创能、蓄能的新一代交通系统以及绿化项目建设，提升城市对灾害的应对能力，力争成为人与自然共存的未来型环境共生都市。柏叶新城建立了地区能源管理系统、家庭能源管理系统与柏叶智能中心，通过能源数据管理优化对城市能源的分配与利用，同时运用智能电网，实现太阳能发电、蓄电池发电等分散电源所产生的电能在街区间的再分配，在整个区域实现电力削峰，用电负荷被削减26%，并可实现节能、二氧化碳减排等低碳环保目标。

此外，柏叶新城所在的筑波沿线一带聚集了各种学术研究机构和孵化器创新机构，例如柏叶开放创新研究所、筑波沿线创业伙伴中心、未来设计中心等。各机构之间经常展开多样社区交流活动。柏叶新城积极发挥区域人力资源优势孕育创新产业，为新城发展注入活力。

面对日本当下的超老龄化社会状况，柏叶新城致力于创造"人们能够在自己熟悉的土地上安心、健康地生活，退休后也能充分发挥余热，参加到社会活动中"的城市形象和愿景。为此，柏叶新城与东京大学合作开展"医疗照护创新项目"（Healthcare Innovation Project），在街区中为市民提供健康支援等各种与健康相关的服务；通过将腕套型生活记录仪、具备通信功能的人体组成计等数码健康仪器与健康数据分析系统连接，柏叶新城内的居民可以将健康情况可视化，在电脑或智能手机上显示使用者的健康状况。为了持续推进发展健康项目，柏叶新城一方面致力于增加预防医学和健康相关的研究工作，另一方面定期举办讲座、分组运动比赛等活动，鼓励公众参与。❶

有关柏叶新城三大都市理念的项目的成功落地，使柏叶新城对周边居民极具吸引力。柏叶新城成功缓解了东京中心城区的城市压力，是一座充满希望、面向未来的智能卫星城。

日本丰田"编织之城"

丰田"编织之城"位于日本富士山麓，是由静冈县与裾野市两级政府支持，由丰田汽车公司主导并负责设计、建造的新型智能未来城市。"编织之城"的设想在2020年发布，预计2024年竣工。不同于其他智慧城市基于现有科技并将其融入生活的技术路径，"编织之城"尝试从"未来"概念出发，将未来技术与未来城市进行全面整合。丰田汽车公司将工厂搬迁后腾出的土地作为"编织之城"的建设用地。可以说，"编织之城"是在一片相对封闭、并非面向公众的私有土地上，进行的大胆的未来社区建造的试验，参与实验的居民多为丰田汽车公司员工和对未来科技以及社区投资感兴趣的利益团体成员。❷

---

❶ 柏叶智能城市［EB/OL］.（n.d.）［2022-05-03］. https://kashiwanoha-smartcity.com/cn/concept/whatssmartcity.html.

❷ 丰田"编织之城"［EB/OL］. 谷德设计网,（2020-01-09）［2022-05-03］. https://www.gooood.cn/toyota-woven-city-by-big.htm.

"编织之城"的建设由三个基本概念驱动：以人为本（human-centered）、生活实验室（living laboratory）以及永续发展（ever-evolving）。在基础技术架构设想上，"编织之城"试图以无人驾驶技术为中心，建立一个自动驾驶、出行即服务（MaaS）、机器人、智能家居和其他一系列人工智能技术应用交互融合的城市试验场，全方面探索人机交互与发展的可能。它所提出的构想极具创新性，尤其在道路规划与交通领域，"编织之城"提出了一种前所未有的新模式：将三种类型的街道交织成"3×3"的城市街区网格。每个街区都有一个当地的公园或庭院。街道将分为三种不同的类型，每种类型都旨在实现特定的需求：第一种街道用于快速移动的自主车辆；第二种街道由于代步车、自行车和其他个人交通工具；第三种街道是仅供行人使用的长廊，供居民休闲、散步之用，这种类型的街道贯穿整个城市，两旁种满鲜花和树木。物资和货物运输将由丰田电动托盘车队在陆上和地下管道进行。

通过对道路交通规划的创新，"编织之城"希望扩展对未来生活方式的探索，深度实践自动驾驶在居民生活中的各种可能性，实现城市健康系统与能源处理的高效运行。自动驾驶汽车将主导整个"编织之城"的共享运输交付和移动零售供应。上述三种类型的道路将交织在整个城市的基础设施中，这些街道都将配备传感器，形成一个自动化感应的网格矩阵。道路分级和编织成网格的设计，也将使车辆与行人之间的关系更加友好和安全。同时，"编织之城"还将充分利用地下空间，在城市地下建设"物质网"，包括雨水过滤系统、自主货物运送网络和氢能储存系统等，并将这些基础设施直接与地面上的建筑

物相连。❶

作为一座充满想象力和创造力的新城市，我们对"编织之城"建成后的模样拭目以待。但正如其提出的"永续发展"的基本概念一样，"编织之城"还在不断地融入新科技，探索社会新课题，它对未来的畅想无疑将给其他智慧城市与社区的建设带来启示。

日本将自己在智慧城市与社区的建设中的角色定位为"课题解决发达国"，具体课题包括"市场饱和造成经济滞涨""地球环境问题""超高龄化社会"以及"资源和能源问题"等。日本希望将一个个课题对应的城市建设模型具体化。因此，日本在智慧城市与社区的建设进程中的举措是大胆的，甚至是艺术的。日本致力于创造世界未来概念的形象，柏叶新城和"编织之城"都体现了解决课题型城市建设的想法，也反映了日本独特的企业主导建设的路径。

四、韩国——以信息化为依托的智慧城市和社区建设领跑者

作为全亚洲网络覆盖率最高的国家，自2004年以来，韩国一直大力推动智慧城市和社区发展，先后推出了一系列战略计划和政策，如"U-Korea""U-City"等，并已建有松岛国际城市、上岩数位媒体城及恩平新城等多个示范场域。

---

❶ CES 2020 Livestream: Introducing the woven city [EB/OL]. youtube:（n.d.）[2022-05-06]. https://www.youtube.com/watch?v=NME7pGh-7rk.

（一）韩国智慧社区的价值导向和实践路径

韩国在信息通信技术方面长期处于领先地位，拥有世界上最高的信息通信技术普及率，并且启动了全球首个5G部署。[1]因此，韩国建设智慧城市和社区的主要目标是在开放数据、完善技术的基础上，促进更高质量的管理、服务和运营，突出城市级全场景实施以及智慧城市平台架构建设和技术创新，建立规划实施政策的机制和国际智慧城市间的市场合作，以电子政务促进经济发展等，解决经济发展和城市发展相结合的普遍难题。韩国希望通过信息和通信技术的整合，加速智慧城市产业的发展，并将其视为国家经济增长的新引擎，以期能够将自身成熟的智慧城市发展模式输出海外。

在实践路径上，韩国智慧城市与社区项目以政府为主导，由专家小组推动，通过与公私部门合作来共同实现在地化建设。例如，韩国提出的智慧城市政策"U-city"由韩国第四次工业革命总统委员会（PCFIR）和国土交通部协调运作，目前参与其中的主要地区有33个。根据总体规划，韩国中央有关部委负责核心关键技术的研发和人力培训，为智慧城市涉及的产业发展奠定基础。"U-city"的资金投入、实体建设和运营管理，则由地方政府和私人部门负责。政府一方面主要与国有企业合作；另一方面也鼓励中小型私企参与，例如，韩国政府与中小企业创业部合作，鼓励青年创业者打造与智慧城市相关的创新型产业生态系统，并为初创企业提供创业空间和创业项目支持，全面

---

[1] TEH N J. Global Expert Mission South Korea Smart Cities 2019 [M]. London: Innovate UK, n.d.

协同推进技术创新和底层建设。❶

此外，为了更好顺应智能城市与社区发展变化的速度和要求，韩国政府两次修订了《智慧城市法》，扩展了智慧城市发展项目和公共服务的内容，并通过引入"监管沙盒"机制进一步放宽监管力度。这种"监管沙盒"可以消除智慧城市项目实施过程中的相关限制。

（二）具体案例

韩国松岛新城

松岛是一座拔地而起的城市，目前已完成初期建设，2003年，韩国在仁川市滨水区填充了约5亿吨沙子，用填海的方式建造了一座面积约6平方千米的新城，作为智慧城市规划和开发用地，希望将松岛打造成为一个具有全球声誉的商业城市，吸引国外和国内的旅游者来此访问和游览。松岛在建造之初被构想为一个完全可持续的高科技城市，是一个没有汽车、没有污染、不会过度拥挤的未来之城。它的规划设想展现了一个乌托邦式的未来场景，并将自身定位为一个新的全球经济中心，拥有可以与其他亚洲城市竞争的人才和商业环境。❷

在技术应用方面，松岛将韩国的信息技术优势充分发挥。从城市

---

❶ 国际观察125 | 智慧城市系列：韩国第三次智慧城市综合规划［EB/OL］. 搜狐网.（2020-11-02）[2022-05-05]. https://www.sohu.com/a/428958380_651721.

❷ LEE S K, KWON H R, CHO H A, KIM J, AMP, Lee D. International case studies of Smart Cities: Songdo, Republic of Korea［EB/OL］.（n.d.）[2022-05-06]. https://policycommons.net/artifacts/306562/international-case-studies-of-smart-cities/1224606/.

规划和发展阶段开始，各种泛在物联技术（如闭路电视监控系统、各类传感设备、交通检测器等）就已经在城市周围被大范围应用，每分钟搜集一次周遭信息，24小时不间断，这些数据将通过综合平台存储在数据库中，并通过后期应用服务和大数据分析，为市民提供有用的服务。这些数据与仁川市交通信息中心、保健环境研究院、气象局、警察署等公共机构的平台相连接，加强数据信息的完整性。分析后的数据结果将被提供给公共机构、门户网站、广告公司和相关内容企业等。

然而，从2017年建成至今，松岛新城并没有像预期的那样一跃成为世界繁华高科技都市的新代表，城市居民入住率远低于预期。部分居民指出，当地最大的问题是缺乏工作机会，大多数居民仍需到首尔就业，工作生活严重割裂。在相关采访中，还有一些居民也讲述了在松岛日常生活中遇到的尴尬情况：由于松岛采用城市垃圾集中化处理，居民需要走很远，才能找到垃圾桶，在这样的情况下，一些人便会因不耐烦而随手丢弃垃圾。❶监控摄像头虽然遍布城市，且大部分居民认同安全的重要性，但仍有部分居民深受其扰，称其侵扰了他们生活的隐私；最后，尽管整体上松岛的基础设施建设现代而智能，但由于缺乏艺术、文化、音乐等娱乐社交场所，居民在日常生活中几乎感受不到情调与乐趣。

---

❶ Songdo: Go inside the city of the future [EB/OL]. youtube:（n.d.）[2022-05-06]. https://www.youtube.com/watch?v=3ZKtr7vU5cI.

五、借鉴与启示

作为亚洲智慧城市建设的引领者，新加坡、日本、韩国各自都对未来智慧城市和社区的形态提出了新的定义。基于自身国情，各国在建设路径和方式上也展现了自己的特色。韩国希望打造全面综合的"乌托邦"式智慧城市，服务于国家经济发展；日本尝试对本国面临的特定问题提出可行的解决方案；新加坡则在居民的感受和先进技术应用之间较好地把握了尺度。

从上述三国的实践中，我们可以看到，无论是以哪种方式对未来的智慧社区进行探索，都应将技术可能带来的负面危害降到最低。例如，尽管相比于欧美，亚洲民众较少诟病智慧城市和社区建设中的数据隐私保护问题，但在过去几年里，亚洲各国也越发重视数据保护法规的修订和其他保护性举措的探索。"编织之城"在使用个人数据的方式上就采用了不同于以往智慧城市的解决方案，即个人数据不归属企业，而归属于全体居民；企业也不会对个人数据进行精准画像，用于广告投放等获利行为。为了实现这一目标，"编织之城"计划使用边缘计算设备减少数据向云端的传送；在数据储存及调用层面，"编织之城"以打造区块链数据台账的方式，提高数据的安全性和耐久性，并对单个应用可以调取的数据进行严格限制，从技术层面尽量防止隐私泄露的可能。

相较于数据隐私，人机交互是目前智慧城市和社区建设中面对的更大难题——未来，人类的自主权或将受到更高挑战。在日本丰田"编织之城"的街道和人行道上，送货机器人在一定程度上会影响居民的生活。此外,"编织之城"试图推行的交通集成化试验,最终可能导致居民丧失拥有自己车辆的权利,被完全纳入体系化、理性化、标准化的交通运行网络中,失去由随机性和不可预测性带来的生活乐趣。同样,在韩国松岛新城,技术的突出应用和体现并未提高居民的生活幸福感。技术应作为生活的补充,而本末倒置地围绕技术来设计生活,使城市缺乏人文关怀和文化氛围,反而会将人置于边缘地位。

第九章

非洲：利用本地智慧"弯道超车"

一、概要

相较于其他地区，非洲大陆长期被打上了"落后"的标签。在数字产业方面，非洲一直缺乏雄厚的资金、技术和人才支持，信息化、数字化和智慧化发展所需的基本的基础设施建设也极为匮乏。据非洲数据中心协会的报告，非洲大陆至少还需要1000兆瓦的新设施容量，约等于700个新的数据中心。国际电信联盟发布的《衡量数字化发展：2020年事实与数字》报告也显示，截至2019年年底，非洲只有不到30%的人口在使用互联网，而全球互联网普及率已达51%。[1]此外，有研究还发现，非洲的互联网连接中存在着非常明显的城乡、代际和性别差异。[2]

---

[1] 丁蕾，黎华玲.非洲数字鸿沟怎么破？打通社区宽带"最后一公里"或提供新思路[EB/OL].新华社，（2021-08-07）[2022-05-06]. https://www.imsilkroad.com/news/p/460472.html.

[2] ELENI M.数字革命为非洲带来光明前景 将数字鸿沟变为红利尚需努力[EB/OL]. 非洲振兴，（2018-08-28）[2022-05-06]. https://www.un.org/africarenewal/zh/magazine/2017%E5%B9%B412%E6%9C%88-2018%E5%B9%B43%E6%9C%88/%E6%95%B0%E5%AD%97%E9%9D%A9%E5%91%BD%E4%B8%BA%E9%9D%9E%E6%B4%B2%E5%B8%A6%E6%9D%A5%E5%85%89%E6%98%8E%E5%89%8D%E6%99%AF.

尽管如此，但不可否认，非洲大陆是目前全球城市化发展速度最快的地区之一，其自身对数字化的需求也极为强烈，非洲的智慧城市、智慧社区也在悄然孵化。随着近两年新冠肺炎疫情态势的不断演化，非洲国家对更先进、更能高效防控疫情的数字城市方案的需求不断提高。[1]那么，如何理解非洲的数字鸿沟？新冠肺炎疫情对非洲的智慧化带来了哪些机遇与挑战？如何在基础设施并不完善的前提下孵化出智慧城市？智慧城市究竟能给非洲带来什么？智慧城市是否能够帮助非洲在第四次工业革命中弯道超车？本章将围绕上述问题，以肯尼亚内罗毕市和南非勒斯滕堡市的智慧化路径为例，探索和总结极具非洲特色的智慧化城市和社区发展路径，并剖析可能存在的问题和风险。

二、非洲智慧城市的建设背景

（一）非洲数字化发展现状：数字鸿沟痼疾严重

尽管从世界范围来看，非洲大陆在数字化发展方面表现依然落后，但经过过去几年的不懈追赶，非洲不少国家已经具备了一定的技术基础，表现出了建设数字化的韧性，尤其在农业数字化、数字金融

---

[1] 数字非洲观察. 新冠疫情加强非洲对智慧城市的需求，建议中企抱团参与非洲智慧城市建设 [EB/OL].（2020）https://www.investgohn.com/baseDetail.do?articleId=A7B369FB1E7C63E9E053650310ACAE09.

服务业、电子商务方面成果斐然。❶在基本的数字连接问题上，在非洲，尼日利亚、肯尼亚、南非等国在连接规模和应用创新方面一直处于领先地位，也引领了通过信息通信科技提供政府服务的风潮。即便在农村等偏远地区，各国电信中心也在试图确保公民与国家行政部门的连接。

2020年，新冠肺炎疫情的突然冲击使非洲各国愈发意识到数字连接对社会和经济发展的重要性，但在撒哈拉以南非洲地区，仍有近8亿人没有连接到移动互联网。基础设施建设相对领先的南非面临的是另一种挑战，在实行全国居家隔离措施后，南非的网络吞吐量较以往增加了40%左右，新冠肺炎疫情期间的连接激增使远程办公、线上教学受到相应影响。不难看到，在非洲，弥合数字化发展鸿沟的任务依然紧迫。❷2020年，非洲联盟通过了《非洲数字化转型战略（2020—2030）》，将数字化转型作为非洲大陆经济社会发展的重中之重，致力于从第四次工业革命中真正获益。

在实际生活中，非洲的数字化发展仍然阻力重重。事实上，大多数非洲人并没有上网的机会，对此也不感兴趣。于他们而言，住房、温饱、健康等才是迫在眉睫的基本需求，数字化和数字红利能带来的切实好处犹如"空中楼阁"，距离非洲人民的生活依然遥远。

因此，如何认识非洲的数字鸿沟既是非洲智慧城市和社区建设的

---

❶ 朴英姬. 非洲产业数字化转型的特点、问题与战略选择 [J]. 西亚非洲, 2022（3）: 24-44, 156-157.
❷ 王磊. 非洲数字经济发展的挑战与机遇 中非合作带来新动力 [EB/OL]. 人民网,（2020-10-10）[2022-05-06]. http://world.people.com.cn/n1/2020/1009/c1002-31885264.html.

重要前提，也是真正破解非洲数字化转型之困的核心要义。

　　大量的学界研究指出，在研究早期，数字鸿沟指在接入、使用信息和通信技术，特别是计算机、移动电话及其网络方面的不平等，近年来则多指数字红利的差异，即由应用带来的社会经济后果上的不均衡。在非洲，数字接入鸿沟、性别差异是当下两大突出问题。

　　首先，信息获取是非洲数字化进程中的主要挑战。[1]信息获取既受主体因素的影响，如阅读或使用障碍，也受网络基础设备和服务缺失或居民收入水平偏低等客观因素的制约。文盲与语言障碍是非洲面临的重大难题，非洲依旧是全球文盲率最高的地区之一。联合国教科文组织《2016年全球教育监测报告》显示，在撒哈拉沙漠以南非洲地区，人们的识字率仅为64%，远低于86.3%的全球平均水平。

　　其次，非洲的数字化基础设施建设也不甚完善。麦肯锡全球研究院在对全球五十个城市的技术基础实力的考评中发现，非洲城市的智慧化设备铺设尤为落后，尤其在安装传感器方面表现欠佳，这恰恰是目前智慧城市建设时资本投入最高的领域。此外，非洲各个城市的智能手机普及率也存在巨大差异，大部分城市的网络基础设施薄弱、覆盖面较窄。

　　再者，设备和服务的不可负担性仍然是非洲国家数字化入门的主要障碍。根据国际电信联盟发布的《衡量数字化发展：2021年事实与数字》报告，发展中国家广泛可接受的、负担得起的宽带连接成

---

[1] SCHELENZ L, SCHOPP K. Digitalization in Africa: Interdisciplinary perspectives on technology, development, and justice [J]. International Journal of Digital Society, 2018, 9 (4): 1412-1420.

本，是将入门级移动宽带套餐费用定价为人均国民总收入的2%。然而，在非洲的某些国家，目前的固定宽带上网费用却高达人均国民总收入的20%甚至更多。[1]例如，肯尼亚最大的通信运营公司萨法利通信（Safaricom）的家庭包月宽带费用为3000肯尼亚先令以上，且覆盖范围十分有限，而中低收入社区的居民月均收入只有20000至50000肯尼亚先令，在首都内罗华市，这样的中低收入家庭约占城市人口的80%。

最后，性别数字鸿沟——男女在获取和使用信息和通信技术方面的不平等——在非洲较为普遍。一方面，女性的受教育程度及识字率远低于男性；另一方面，地区文化陋习的存在，严重阻碍了妇女参与数字化生活的进程。例如，部分非洲男性（甚至是一些女性自身）认为，互联网中有着大量不适合女性浏览的内容，如果女性使用互联网，便可能会忽略其照顾孩子和家庭的责任，因此，部分非洲男性禁止他们的妻子或女儿使用互联网，让后者无法掌握电子设备的所有权。同时，和全球普遍存在的某些观点一样，部分非洲男性利用"女性不适合学习互联网技术"等话术打击本土女性学习和使用通信技术时的信心。最后，少数能够获得上网权利和自由的女性在网络空间中也会遭受性别暴力。女性被"人肉"、跟踪、偷拍，收到性别歧视的话语，以及部分男性为报复前女性伴侣而发布其私密信息等情况在非洲也并不鲜见，这进一步恶化了非洲女性的数字化生存空间，阻碍了非洲的数字化进程。

---

[1] 联合国.国际电联：29亿人仍处于离线状态[EB/OL].（2021-11-30）[2022-05-06]. https://news.un.org/zh/story/2021/11/1095212.

（二）非洲打造智慧城市的必要性

除了数字鸿沟带来的数字化发展的紧迫性，非洲各国还认识到，要使人们的生活水平和技术能力有所提高，就必须加紧营造智慧城市蓬勃发展所必需的环境。智慧城市建设尤其将会在安全、健康、环境三方面切实推动非洲城市改革和数字化进程。

安全

智慧城市方案的应用将会有助于保障非洲人民的安全。世界银行的世界发展指标数据库显示，撒哈拉以南非洲地区的国际谋杀犯罪率是0.94‰，将近是世界平均水平的两倍。[1]在非洲，恶性犯罪事件频发已严重危害了人们的生命安全。虽然犯罪发生的根本原因通常来自最根本的结构性问题，如性别歧视、资源分配不均衡、阶层固化等，并不能单纯依赖技术加以解决，但技术可以从帮助城市管理者优化市政决策，更有效、更合理地分配有限的人力物力。此外，执法者可以运用大数据预测并防范犯罪事件，利用监控探头和感应设备提升响应速度，在罪案发生后进行高效处理，对犯罪分子起到较大的震慑作用。例如，相关部门可以利用统计分析技术回顾历史数据，标示出犯罪率较高的区域，并在此犯罪热点区域优化治安部署，在犯罪事件发生之前就加以防范，实现有计划地主动巡逻。除了打击犯罪，在交通管理、事故

---

[1] 世界银行［EB/OL］.（n.d.）［2022-05-06］. https://data.worldbank.org.cn/indicator/VC.IHR.PSRC.P5?locations=ZG.

处理、房屋检查等涉及公共安全的诸多方面，城市也能借助数字化工具的力量来加强管理。麦肯锡全球研究院分析，智慧城市应用可以让死亡率（如凶杀、车祸、火灾死亡）降低8%—10%，让犯罪率（殴打、抢劫、偷盗）降低30%—40%，让应急响应时间缩短20%—35%。

健康

引入科技手段解决公共卫生问题将会使非洲各大城市受益良多。非洲大陆长期面临着疾病总负担高、传染病比例高、婴儿死亡率高、医疗服务普及度低的现状。作为生命数量和生命质量以时间为单位的综合度量，伤残调整寿命年（DALY），指从发病到死亡所损失的全部健康寿命年，包括因早死所致的寿命损失年（YLL）和疾病所致伤残引起的健康寿命损失年（YLD）两部分，是世界卫生组织衡量全球疾病负担的主要指标。麦肯锡全球研究院于2018年发布的报告《智慧城市：数字技术打造宜居家园》显示，如果有关城市能够充分部署并利用健康方面的相关智慧化应用，城市居民的伤残调整寿命年即可降低8%—15%。在非洲，对于大范围流行的高致死率疾病，有效利用大数据和统计分析技术，制定合理的公共健康干预措施，是城市居民预防疾病和较早介入治疗的关键；对于只在少部分人中流行的疾病，相关机构可通过数据分析技术识别出高风险人群，更为精确地实施干预。部分在非洲地区的实地试验发现，能够实时跟踪新病例的监测技术可让卫生机构比迅速蔓延的传染病先行一步，从而在病毒传播的早期及时遏制其发展，阻止病毒进一步蔓延。例如，国际权威医学期刊《柳叶刀》（*The Lancet*）刊载的一篇文章中提到，肯尼亚进行的一项随机

对照研究显示，及时发送手机短信提醒，布置其他一些干预性激励措施，可以有效提高肯尼亚儿童的免疫覆盖率。❶

环境

非洲的主要环境问题是水资源稀缺。随着非洲主要城市居民人口数量的快速增长，土壤遭受侵蚀，河流、湖泊和地下水等水源污染问题日益严重，农村与城市居民因为日益紧张的水资源也不断产生冲突，水资源稀缺成为非洲各国政府及国际机构关注的环保问题。例如，从关于津巴布韦水资源分析的报道中可以看到，一些主要城市存在缺乏饮用水、生活用水以及废物管理不当的问题，未能及时修复污水处理设施、垃圾长时间无人处理、居民家用供水不足、下水管爆裂、住宅区污水蔓延等情况时有发生，这些问题甚至导致了一些地区霍乱和疟疾的暴发。❷

智慧城市建设的推进，一方面，可帮助非洲主要城市完善水资源基础设施的配备；另一方面，城市管理者可利用先进的探测和感应技术提升对垃圾倾倒、污水泄漏等情况的发现和处理效率。非洲许多城市水资源浪费的首要原因在于管道漏水，如果在这些城市中部署管道传感器来探测漏水情况、优化水泵压力，可将水资源浪费幅度降低15%—25%。

---

❶ GIBSON D G, et al. Mobile phone-delivered reminders and incentives to improve childhood immunisation coverage and timeliness in Kenya (M-SIMU): a cluster randomised controlled trial [J]. The Lancet Global Health, 2017（5）: E428-E438.

❷ MAPIRA J. Urban governance and mismanagement: An environmental crisis in Zimbabwe [J]. Journal of Sustainable Development in Africa, 13（6）: 258-267.

三、非洲智慧城市和社区案例

本节将以肯尼亚首都内罗毕和南非铂金小城勒斯滕堡为例,展现非洲大陆智慧城市和社区建设中的特征。

内罗毕是在智慧化道路上最领先的非洲城市之一。2019年,被称为"非洲小巴黎"的肯尼亚首都内罗毕在仲量联行发布的《2019城市发展动力指数报告》中,被评为非洲最具活力的城市,也是世界范围内最具活力城市前二十名中(内罗毕排名第六)唯一一个亚太地区以外获此殊荣的城市。一直以来,内罗毕以亚洲的新加坡为榜样和目标,试图成为非洲大陆上现代化和智慧化发展的中坚力量。

相对而言,勒斯滕堡市虽是南非发展最快的城市之一,但在资金、技术和对外开放的基础上都远不如内罗毕。勒斯滕堡市的经济结构非常单一,有关数据显示,采矿业在该市国内生产总值中的占比高达74.6%,对采矿业的高度依赖使得城市的大部分发展都与矿产资源储量息息相关,其中,当地超过一半的人口从事采矿业,铂金价格的波动直接影响整个城市的经济水平。[1]铂金产业带来了快速的经济增长和城市扩张,但与此同时也带来了限制。该市的铂金开采量预计将在2040年后下降。由此,为确保勒斯滕堡的发展活力和人民生活质量,该市制订了"勒斯滕堡2040年愿景",以期建成一个世界级的城市,其中的所有社区都享有高品质的生活,对此,勒斯滕堡市长表示:"勒

---

[1] 华为ICT新视界. 铂金之都南非勒斯滕堡开采智慧城市金矿[EB/OL]. 智慧城市特辑,(2019-09-10)[2022-05-06]. https://e.huawei.com/cn/publications/cn/ict_insights/201908281019/case-studies/201909101454.

斯滕堡智慧城市旨在发展经济，提高公民参与度，改善公共安全和交通，扩大政府服务的范围，并通过领先技术实现公共事业数字化。"

那么，上述两个对比鲜明的非洲城市，在智慧城市和社区建设中体现了哪些特点？它们各自又为达成预期目标做出了哪些努力？

（一）内罗毕和勒斯滕堡的建设特点

与外资紧密合作搭建基础设施和基本框架

如前所述，和非洲许多城市一样，高昂的互联网服务费用使得许多中低收入的肯尼亚人难以负担。面对内罗毕社区居民在接入互联网过程中出现的可负担性问题，内罗毕政府近年来主要试图通过与大型跨国公司合作加以应对。据报道，内罗毕当地的电信公司阿哈迪无线（Ahadi Wireless）与中国电信合作，推出中低收入群体负担得起、可靠的互联网套餐服务，并在低收费的基础上考虑了灵活性，用户可以根据需求自由选择适合自己的单日、单周或单月套餐。[1]此外，肯尼亚电信公司杰米电信（Jamii Telecom）也选择与中国中兴通讯合作，推出了该国最快、最便宜的移动互联网——"飞吧4G"（Faiba 4G），并结合中兴通讯的技术优势推出了4G语音长期进化服务，以确保最佳的

---

[1] Bridging the digital gap in Nairobi's townships [EB/OL]. OTIATO OPALI: China Daily,（2021）http://global.chinadaily.com.cn/a/202105/25/WS60ac5b59a31024ad0bac134d.html.

语音和视频的质量。[1]

在勒斯滕堡，为了有效开展智慧城市建设，市政府选择南非信息通信科技和金融科技公司电子连接（Electronic Connect）、全球领先的信息通信科技基础设施提供商华为技术有限公司，以及中国中小型智慧科技公司三川股份、蓝斯股份等企业合作。其中，华为为勒斯滕堡打造了一套完整的城市管理架构，包括"大脑"（指挥中心）、"中枢神经系统"（网络）、"周围神经系统"（传感器），这一架构的逻辑是在统一的城市运营中心里，通过集成式的智慧城市数字平台整合物联网、大数据、视频云、地理信息系统、通信五大资源，将碎片化的数据信息整合，使多条线融会贯通，便于城市管理者进行整体分析、决策，也有利于各部门协同工作，互利共赢，更高效地治理城市。

本地化创新升级

如前所述，鉴于非洲大多数国家错失了第三次科技革命的大好机遇，如何在信息化基础设施不完善的劣势中实现"弯道超车"是众多非洲国家需要认真思考的命题。

对此，移动支付应用移动钱包（M-Pesa）在内罗毕的流行充分体现了非洲特色的发展路径。移动钱包项目由肯尼亚最大的电信公司萨法利（Safaricom）和英国移动运营商沃达丰（Vodafone）联合推出，项目之初，移动钱包被设计成为一款用于偿还银行小额贷款的应用，

---

[1] Kenya, Chinese firms partner to launch faster, cheaper internet［EB/OL］. Xinhua: China Daily,（2017）.http://www.chinadaily.com.cn/a/201712/07/WS5a29082ea310fcb6fafd3138.html.

通过电子转移资金的方式节省与现金处理相关的成本，从而减少民众的支出负担。由于内罗毕当地金融体系不完善也不发达，较少有人能持有信用卡，银行网点覆盖范围小，且对转账收取高额的手续费，移动钱包的问世在肯尼亚触发了一场前所未有的金融变革。随着移动钱包的流行，它的业务不再局限于偿还小额贷款和转账，它彻底成为与当地人日常生活密切相关的"黏性"应用，使用范围涉及购物、医疗、教育、交通、酒店、水电费等各个方面。肯尼亚几乎所有的大中小商铺都支持移动钱包支付，政府也开始利用移动钱包办理包括更新驾照、申请护照等在内的部分公共服务业务。

移动钱包的出现和流行展示出了技术革新和本土智慧相结合后能够迸发出的能量，有研究将这一独特的非洲路径概括为：跳过固定网络而发展移动网络；跳过银行而由电信公司发展金融支付系统。[1]这种结合了非洲国家国情的路径，没有回避非洲自身的技术劣势，而是从务实性、可及性出发，发展置换成本较低——许多非洲城市在直接实施新技术方面具有优势，因为它们不必受限于上一代技术基础设施和系统的维护成本——的技术应用并逐渐形成网络效应，带动根本性变革。

不求"高精尖"，但求"合适"

为了缓解大城市的交通拥堵，世界各地的智慧交通建设大多基于以下线性逻辑：先构建良好的感应设备等基础设施，搜集来自智能摄

---

[1] 李坤. 非洲智慧城市创新发展［EB/OL］.（2020-03-06）［2022-05-06］. 知乎专栏，https://zhuanlan.zhihu.com/p/111366768.

像机、卫星和司机个人报告等实时信息数据作为大数据分析、机器学习和算法模型的依据，从而尝试为出行者提供更合适的路线并预测未来的交通状况。然而，这一智慧交通方式依赖较高昂的资金和时间投入，不适用于非洲的经济发展状况，更不适配非洲城市中复杂的路况，比如，极端气候较常见，路面坑洞较多，有牲畜群漫步以及大量推手推车的行人等。基于此，内罗毕开发了一款用于改善交通拥堵的本土化应用TwendeTwende。TwendeTwende是一个基于上下文进行感知的智能交通系统，它利用内罗毕市中心仅有的36个交通摄像头提取图像，提供实时交通统计数据并进行分析预测，根据当地民众的需求和互联网使用习惯，将推荐的路线以用户偏爱的手机短信形式发送给市民。TwendeTwende对基础设施的要求并不高，它将现有低成本摄像机捕捉到的质量极低的图像与网络流算法相结合，实现准确估计交通流。[1]该平台受到了内罗毕民众的欢迎，目前依然在持续发展中。未来它将从推特等社交平台读取并过滤实时信息以增强平台数据分析的鲁棒性，增强对路面突发事件的处理能力，同时也将把路面安全信息，如街道能见度、劫车事件等情况实时反馈给用户。

与TwendeTwende应用类似，另一项本地化创新"马他途"（Matatu）项目也极大地改善了内罗毕当地交通。"马他途"这一名称出自内罗毕当地人最常用的交通出行工具——一种私营的小巴。和不

---

[1] KINAI A, BRYANT R E, WALCOTT-BRYANT A, MIBUARI E, WELDEMARIAM K, STEWART O. Twende-twende: a mobile application for traffic congestion awareness and routing [J]. In Proceedings of the 1st International Conference on Mobile Software Engineering and Systems, 2014: 93-98.

少发展中国家的城市一样，内罗毕私营公交系统在居民日常出行中占据了重要地位。据称，"马他途"有超过130条路线，具有随机应变的非正式交通网络，例如，司机为了躲避警察检查会经常改变经停站，且会根据天气状况来调整票价，当地人也更多以"口口相传"的方式找到"马他途"。正是由于这些原因，过去，内罗毕政府一直无力对"马他途"进行科学有效的管理，这也干扰了城市管理者对公共交通的合理规划。[1] 2014年，内罗毕大学开启了与麻省理工学院、哥伦比亚大学和设计咨询公司Groupshot的合作，尝试通过搜集"马他途"乘客的手机信令、全球卫星定位等数据，实现"马他途"行驶路线的可视化，并将数据包上传至谷歌地图。

如今，在肯尼亚内罗毕，任何拥有智能手机的人都可以通过谷歌地图以"马他途"为交通工具规划出行路线，这不仅极大地方便了市民出行，也易于政府对公共交通的管辖，对内罗毕未来的交通出行设计具有极大的意义。综上，不难看出，"马他途"项目并没有使用传统意义上高精尖技术，而是基于自身的有限条件，以民众需求和契合其日常生活方式为出发点，寻找合适的智慧化手段，这对达成可持续的在地化智慧城市建设至关重要。

结合国情，聚焦问题

囿于自身资源条件的限制，许多非洲国家的智慧城市和社区建设

---

[1] SHULMAN K. Digital Matatus project makes the invisible visible Novel research project produces the first map of an informal transportation system in Nairobi [EB/OL]. MIT News.（2011-04-28）[2022-05-06］. https://news.mit.edu/2015/digital-matatus-project-makes-invisible-visible-0826.

往往聚焦急需解决的核心问题，不脱离当地人民的现实需求，较少出现像一些发达国家所尝试的云艺术展、云博物馆、元宇宙等方向的研发设计。

例如，针对非洲许多城市治安环境较差的情况，勒斯滕堡启用了华为设计和建造的智能运营中心，通过汇聚如视频监控、智能电表、路灯等多种来源的城市数据，对城市的运行进行监控，实现城市运行可视化，提升应急处置能力，促进城市管理和决策的科学性。项目实施后，勒斯滕堡的犯罪率有望同比下降约50%，较好地解决目前当地犯罪率不断上升、警力不足的矛盾。

此外，针对用水安全，2017年初，勒斯滕堡市政部门启用了IMQS公司开发的维护管理系统。IMQS公司是来自南非斯泰伦博斯的一家专业软件解决方案公司，在资产管理、市政管理等多个领域构建软件产品。鉴于勒斯滕堡的产业用水特殊性和当地水资源的脆弱性，勒斯滕堡市政部门认为有必要改进其供水和下水道基础设施及相关程序的管理，重点是提高运营和维护水平。智能用水解决方案的第一步是通过软件对城市用水计费信息进行分析，转换为用水量，并利用数字模型进行空间分布和资源的优化配置，使水力模型能够满足实际需求。之后，网络平台将最新的网络模型和用水数据显示在交互式地图层上，以可视化的水资产信息管理方式，让勒斯滕堡市政工作人员能够轻松监测系统性能，获得最新的水资源信息和该平台托管的实地实时数据，并确定及时干预的时机和必要性。IMQS公司开发了以地理信息数据为中心的网络平台和维护管理所需的模块，并将工程和金融资产信息也整合其中，帮助管理者管理工程用水及与之相关的财务信息。IMQS公司的水资源基础设施资产管理项目，使勒斯滕堡在减少漏水、确定用水的问题区域、减少故障仪表数量、高效解决缺水问题等方面收获颇丰。

（二）借鉴与启示

非洲大陆朝气蓬勃，是当今全球最富发展潜力的地区。预计到2035年，非洲大陆将拥有世界上最年轻、最庞大的劳动力人口，城市化速度也将超越印度和中国。[1]尽管数字鸿沟问题较难逾越，但非洲智慧城市和社区建设也在实践中逐步展现着自身独有的力量。对于欠发达的非洲大陆来说，由于经济和人力资源条件的约束以及薄弱的基础设施现状，许多富裕国家和城市的解决方案并不适用：盲目追求高精尖技术的运用并不会使非洲城市更"智慧"，持续的大量资金投入也不现实。

从内罗毕和勒斯滕堡颇为成功的建设案例中可以看出，非洲的智慧城市建设方案需要更加谨慎、务实、克制，在积极寻求和借鉴跨国科技企业的设计方案的同时，要重视当地民间智慧和知识生产，寻求更有创造力和想象力的可能性，甚至可以"化劣势为优势"，如前文提到的，将基础设施破旧的劣势，转变为置换成本低廉的优势，实现越级发展。非洲城市的智慧化进程启发我们：最合适的即是最佳的，城市发展应当聚焦于民众需求最大的领域，以需求扩充经济增长空间、

---

[1] McKinsey & Company. Africa at Work: Job Creation and Inclusive Growth [R]. London: 2012.

刺激外部投资，而非本末倒置。长此以往，才会累积充分的正面效益。

然而，和其他试图快速崛起的地区一样，一些非洲城市在城市化建设中也出现了不少"烂尾工程"，与当地发展程度和日常生活脱节，造成资源大量浪费，产生了严重的消极影响。例如，当谈及非洲大陆的智慧城市建设时，不少研究报告都提到了被誉为肯尼亚"硅谷"的孔扎科技新城，加纳首都阿克拉的"希望之城"（Hope City），以及卢旺达的基加利创新城。其中，肯尼亚的孔扎科技新城预计总建设投资高达145亿美元，城市建设占地约2000公顷，以支持肯尼亚中小企业的科技创新和国际扩张，为投资者、创新社区、孵化中心提供充足的办公空间和交流互动场所，打造生态系统，以解决全球性的技术挑战。2013年，加纳就公布了"希望之城"规划方案，这一项目预计耗资100亿美元，占地150万平方米，以高科技塔楼群为建造特点，旨在促进加纳的高科技发展，使加油成为全球信息通信行业的高地之一。卢旺达的基加利创新城则预计投资20亿美元，占地约70万平方米，是卢旺达政府"2020年愿景"和《国家转型战略（2017—2024年）》的一部分，基加利创新城致力于成为卢旺达的科技中心，并通过引入世界顶尖的科技公司、大学、生物科技公司以及商业和零售实体来吸引外商投资，带动当地新兴就业岗位的开发和信息通信科技产业的出口。[1]

尽管上述建设计划由不同的国家发起，由世界上不同的知名建筑设计公司规划，其内容却惊人地相似，都试图打造全球性互联互通、

---

[1] 简读. 非洲刮起科技创新风，卢旺达创新城、肯尼亚科技城等正在建设中［EB/OL］.（2021-10-26）［2022-05-06］. https://www.ttcas.org/article/1q1eg_1w62w.html.

基础设施完备且通过持续技术创新运营的智慧城市范本，完全忽略了各国的国情和在地性特色，忽略了智慧化概念中的人类和社会维度，即社会资本、信任和互惠网络在创新中起到的先决作用。[1]像"硅谷"一样的科创中心是目前非洲城市化真正需要的吗？显然，上述非洲国家的政府也没有将这些未来智慧之城的受众定位为当地普通民众，也并非为了提高人均生活水平，而是为了吸引跨国公司和资本家，想要从新兴市场上分一杯羹。[2]即便是政府有心想要利用智慧化建设拉动产业升级，提升就业岗位，现实情况却如当地民众所言："聪明的工作往往会被高薪的外派人员获得。"[3]

因此，智慧城市建设只是拉动城市发展、促进民众生活的一个契机，城市得在可以满足居民基本生活需求的基础之上，再寻求诸如尖端科技等更高层次的方案。[4]否则，对于尚未完全解决基础教育和温饱问题的非洲大陆而言，上述智慧城市方案都将是试图利用技术应用来规避现实问题的空中楼阁，最终将反噬部分地区已有的宝贵成果，不利于非洲城市的可持续发展。

---

[1] WATSON V. The allure of 'smart city' rhetoric: India and Africa［J］. Dialogues in Human Geography, 5（1）: 36-39.

[2] GUMA P K, MONSTADT J. Smart city making? The spread of ICT-driven plans and infrastructures in Nairobi［J］. Urban Geography, 2020（42）: 360-381. https://doi.org/10.1080/02723638.2020.1715050.

[3] BARAKA C. The failed promise of Kenya, s smart city［EB/OL］. Rest Of World,（2021-06-01）［2022-05-06］. https://www.google.com.hk/url?sa=t&rct=j&q=&esrc=s&source=web&cd=&ved=2ahUKEwi5x7r2i9X3AhVcmVYBHRvMCjgQFnoECBAQAw&url=https%3A%2F%2Frestofworld.org%2F2021%2Fthe-failed-promise-of-kenyas-smart-city%2F&usg=AOvVaw2d25R22yUhniA18qMZ2eN1.

[4] DESOUZA K C, SMITH K L. 追赶智慧城市潮流：我们是否已迷失方向［J］. 探索与争鸣，2018（8）: 4-10.

第十章

拉丁美洲：秉持开放心态，突破"低端城市化"陷阱

一、概要

作为世界上城市化率最高的发展中地区之一，拉丁美洲以拥有人口超千万的特大城市而闻名于世。现今，80%左右的拉丁美洲人口居住在城市，预计到2050年，这一比例将提升至90%，其中，近两成的人口生活在以圣保罗为代表的特大城市内。然而，较高的城市化率却并未给拉美国家带来正向的社会影响，反而呈现出"低端城市化""过度城市化"以及"城市病频发"等现象。[1]经济增长停滞使大量城市无法为快速膨胀的市民人口提供相应的工作、生活与发展条件，从而引发了交通堵塞、环境污染、犯罪率激增、公共设施和基础服务缺失、贫富分化加剧等尖锐的社会问题。[2]除去城市化进程带来的城市管理压力，2020年以来，新冠肺炎疫情的暴发也使拉美地区的城市进一步认

---

[1] 郑秉文. 拉美城市化的教训与中国城市化的问题——"过度城市化"与"浅度城市化"的比较[J]. 国外理论动态，2011（7）：46-51.
[2] 苏振兴. 发展与社会边缘化——关于拉美问题的历史考察[J]. 世界经济与政治，2001（11）：71-76.

识到了数字化建设和区域合作的重要性。和非洲大陆一样，从居民的线上办公、网上购物，到通过网络提供远程医疗服务等，新冠肺炎疫情期间实施的严格隔离措施也导致拉美地区的互联网使用率剧增，网络服务质量有所下降，极大地考验着当地的网络管理和服务能力。

意识到自身城市经济发展问题的紧迫性和全球时局变化的重要性，拉美地区较早展开了对城市未来规划的前瞻性思考，尤其在智能科技如何影响可持续的城市发展方面。例如，巴西的里约热内卢和圣保罗以及墨西哥的墨西哥城，都是采用监控探头和交互式应用程序等智能技术来实时追踪交通和犯罪情况，尝试改善城市治理的先行者。然而，应该看到的是，全球的智慧社区与城市建设仍处于实验与探索阶段。即便对于发达国家而言，智慧城市和社区也是属于未来的设想，有众多技术与制度难题需要解决，需持续地在基础设施、政治、地理、财政和人文社会等因素间寻求平衡与突破；对长期处于"后发"阵营的拉美地区而言[1]，动荡的政局、居高不下的城市失业率和较大的贫富差距、过度开发的自然环境资源、薄弱的技术水平等现实，无疑加剧了建设智慧城市和社区的难度与挑战。

---

[1] 范和生. 中国应怎样认识拉美——国内相关研究动态与镜鉴意义 [J]. 人民论坛·学术前沿，2014（17）：36-49.

二、拉丁美洲智慧城市和社区发展现状和发展路径

(一)拉丁美洲智慧城市和社区的发展现状

尽管拉美地区各国间发展速度各异且存在着不容忽视的后发劣势,但拉丁美洲仍在过去数年间建立起了初步统一的拉丁美洲智慧城市网络(LASCN),通过构建城市与城市之间、政府与工商业部门之间的互联互通,实现跨越式发展,促进包括交通运输、能源效率和水供应等行业在内的交互式影响,实现互惠共赢。例如,巴西里约热内卢作为美洲智慧城市发展的领导者,于2010年成立里约运营中心,建立起30多个政府部门间协调运作的机制,通过传感器、卫星、视频系统,采集交通、天气、照明、电力以及其他参数的实时数据。[1]在美国未来今日研究所(Future Today Institute)《2019年科技趋势报告》(简称"《报告》")公布的全球智慧城市排名中,巴西里约热内卢名列第44位,是当年唯一入选的拉美城市,排名高于美国芝加哥和德国慕尼黑;《报告》认为,里约热内卢在城市4G网络建设、未来5G连接水准、公共网络便利性、技术人员群体规模、公共交通系统先进性和共享经济可用性等方面,均取得了不俗的成绩,展示了未来智慧化发展的巨

---

[1] 张国华. 智慧城市助力成都建设国家中心城市 [EB/OL]. 先锋,(2016) http://dangjian.people.com.cn/n1/2016/1018/c117092-28788217.html.

大潜力。❶同时，拉丁美洲的数字原住民数量庞大，为拉美地区市民参与智慧化发展进程、获取数字化服务打下了良好的基础。❷

后疫情时代，拉美地区数字化潜力充分释放。整体的宽带使用量激增了47%，电子商务蓬勃发展：巴西电子商务协会发布的调查数据显示，2020年巴西电商销售额同比激增68%。2021年前5个同，拉美地区网购和在线支付量增加1300万人次，累计超过1.5亿人次，在线消费已占拉美地区消费活动的六成以上。❸同时，拉美地区的政务数字化也加速推进：72%的哥斯达黎加政府机构对人工执行的流程或程序进行了修改，便于以数字化的形式服务公众；巴西政府在一周之内开发了为千万名失业者提供紧急援助申请的应用程序；智利政府开发了"智利服务"自助社保数字化平台，信息处理量增速达300%以上。❹

此外，拉美地区各国一直以来都积极参加国际领域的数字化、智慧化活动，如有关智慧社区建设的研讨会、峰会，和业界、学界进行政策、战略与技术交流。2016年，联合国拉丁美洲和加勒比经济委员

---

❶ 台湾经贸网. 巴西里约热内卢列为全球百大智慧城市 [EB/OL].（2019-03-19）[2022-05-05］. https://info.taiwantrade.com/biznews/%E5%B7%B4%E8%A5%BF%E9%87%8C%E7%B4%84%E7%86%B1%E5%85%A7%E7%9B%A7%E5%88%97%E7%82%BA%E5%85%A8%E7%90%83%E7%99%BE%E5%A4%A7%E6%99%BA%E6%85%A7%E5%9F%8E%E5%B8%82-1771975.html.

❷ MUGGAH R. 拉丁美洲即将到来的科技反噬 [EB/OL]. Project Syndicate,（2020-04-23）[2022-05-05］. https://www.project-syndicate.org/onpoint/latin-america-techlash-by-robert-muggah-2020-04/chinese.

❸ 邓国庆. 疫情之下 拉美数字经济潜力倒逼释放 [EB/OL]. 科技日报,（2021-11-04）[2022-05-05］. http://www.ciia.org.cn/news/15904.cshtml.

❹ 陈岚，沈佳懿. 中国数字企业逐鹿拉美数字蓝海—半海水，一半火焰 [J]. 进出口经理人, 2022（3）: 50–52.

会（简称"拉美经委会"）经过与拉美和加勒比地区各国政治首脑、地区官员、专家学者、民间组织等的探讨，在联合国住房和城市可持续发展大会上发布了《拉丁美洲和加勒比区域报告：可持续的平等城市》，提出拉美地区的城市发展模式必须保证三个重要因素，即经济可持续性、社会可持续性与环境可持续性。2017年，第7届国际电信联盟绿色标准周在哥伦比亚马尼萨莱斯举办，由哥伦比亚信息技术和通信部及马尼萨莱斯市政府承办，探讨了现代城市治理面临的挑战和市民的福祉问题，以及如何利用信息通信技术在新兴城市的可持续发展中发挥作用，并向五个拉美城市颁发了泛美电信企业协会（ASIET）2017年数字城市奖，以表彰它们在智慧城市项目方面取得的杰出成就，它们分别是：阿根廷的维拉力诺（Villarino）和特雷斯－德费布雷罗、智利的圣地亚哥维塔库拉、哥伦比亚的波哥大和墨西哥的哈拉帕。[1] 2021年，在拉丁美洲智慧城市网络研讨会中，来自巴西、墨西哥、厄瓜多尔等国的十个拉丁美洲城市政府的约70名智慧城市官员深入探讨了各自地区的智慧城市发展经验，分享了本地化的建设知识。

当前，新冠肺炎疫情已成为地区百年来的大危机，造成了严重的社会后果，大量本土公司倒闭、失业率上升，贫困与极端贫困的地区范围进一步增加，女性、老年人、残疾人和偏远农村居民等人群与城市居民的数字鸿沟也显著加剧。一切照旧的城市发展模式显然不能有

---

[1] ITU. 拉丁美洲推进"循环经济"与可持续智慧城市［EB/OL］.（2017-04-10）[2022-05-05］. https://www.itu.int/zh/mediacentre/Pages/2017-PR14.aspx.

效缓解疫情带来的重创，无法从根本上消除拉美内部长期存在的限制性和结构性分化，政府必须立即行动，重新思考新型的城市发展模式，化危为机。

（二）拉丁美洲智慧城市和社区的发展路径

总体来看，拉美地区的智慧城市和社区发展以"人人平等""安全至上"和"包容开放"为主要原则。

首先，为了解决横亘在城乡地区和人群间的数字鸿沟问题，拉美的智慧城市和社区建设尤其注意在技术部署过程中的包容性问题。例如，公共部门的电子商务政策向中小型新企业倾斜，帮助它们加快注册流程、扩大商品种类、提升知名度；制造业的自动化和数字化能够提高生产率，为年轻一代创造就业机会；部分新科技的研发关注消费者的定制化需求，帮助更多企业家找到了潜力和规模更大的市场。拉美的智慧城市在发展数字服务的同时，也会继续为老年人、残疾人、家庭贫困人员等暂时无缘数字服务的人群提供方便的线下服务。

其次，拉美地区长期以来根本性的不平等发展造成了严重的两极分化和社会动荡，是世界上人际暴力频发的主要地区之一，暴力犯罪率极高。为此，治安应用的部署已跃升为拉美特大城市发展的第一要务。以巴西、墨西哥等国为代表，智能监控和实时犯罪监测网络技术已进入试点阶段，警员配备随身执法记录仪也已成为常态。警方不仅使用人脸识别装备来帮助管理足球比赛或狂欢节等大型集会活动，在一般性日常生活里还用这些装备来帮助锁定犯罪嫌疑人，震慑猖獗的犯罪分子，加快紧急情况下现场急救员的派遣速度。此外，还有部分拉美城市开始密集启用无人机，快速获取事故发生现场的信息，降低了警力消耗和人力成本。

最后，拉美国家希望创立数字包容性，营造开放且创新的数字政府，创造有利于分享交流的公共空间，提升多元群体的数字红利获得感。例如，为了解决城乡间的数字鸿沟问题，巴西、智利、哥伦比亚和厄瓜多尔等国的监管部门已开始试点用减税的方式来提高通信网络覆盖率，降低网络套餐费用。为了保护市民的数据安全和隐私自由，巴西政府早在2014年就出台了巴西《互联网民权框架》（Marco Civil da Internet）这一数字权利法案，并在2020年成立了数据保护署；阿根廷、智利和墨西哥等国也都采取了部分措施改善数据安全，捍卫公民隐私。

在当地实际推进智慧城市和社区建设过程中，拉美各国秉持开放的心态，通过与国际机构、跨国科技巨头合作来获取智力和技术支持，弥补自身技术基础、人才和创新能力的不足。例如，墨西哥公共创新数字机构是世界智慧可持续城市组织设立在拉丁美洲的区域办事处，通过以下三方面的工作推进墨西哥城的数字化进步：提供免费无线网络来增加公共互联网的接入率；开发供公民使用的数字工具，以更好地践行监督政府的权利；创建使政府能够更好地为公民服务的数字工具。美洲开发银行中近半数的成员国都来自拉丁美洲，早在2011年，美洲开发银行便提出了新兴和可持续城市倡议，扩大智能技术在拉丁美洲的使用范围，改善社区和城市的服务框架。同时，为了吸引城市建设人才，拉丁美洲各国及组织积极推出各类激励计划，通过设立多种多样的奖金、人才中心等方式来鼓励科技创新，哥伦比亚的"基因学优秀人才中心"和智利的"新千年科研激励计划"都颇为知名。

三、拉丁美洲智慧城市和社区案例

（一）巴西里约热内卢：拉美智慧城市和社区发展的"领跑者"

2010年，巴西能源公司安普拉（Ampla）联合其他商业机构共同投资约2000万美元，以"更好地利用能源"为主题，试图将巴西里约热内卢州布济乌斯市打造为拉美第一座"智慧城市"。自此，里约热内卢一直走在拉美各国智慧城市建设的前沿，并大胆尝试不同形态的智慧化方式，尤其在互联性、可持续性和优质服务方面都取得了不错的成绩，比如里约热内卢为迎接2016年里约奥运会推行的盛大的物联网智慧交通项目，展示了当时最新的智能解决方案技术，赢得了不少赞誉。

说到里约热内卢智慧城市和社区建设的成功案例，就不得不提及米内拉山（Morro da Mineira）贫民窟项目——一个极富创新意义且巧妙结合了当地文化特色的典范。该项目从技术、环境、文化资源等多个维度为当地居民带来了物质和精神的满足。项目最初由科技公司帕维根（Pavegen）和荷兰皇家壳牌集团两家公司合作发起，他们翻新了位于米内拉山贫民窟内一个破旧社区的足球场，通过在地面上铺设特殊材料令场地可通过人力活动发电，白天在足球场玩耍的孩子们在运动中产生的动能会被转换为电能并被储存，用于球场的晚间照明系统。该项目完美地结合了里约热内卢居民对足球的热爱和社区发展所需要的可持续能源科技，在吸引周边年轻人前来运动的同时，最大化地进行了能源转化，既满足了年轻一代的运动需求，也激发了部分青年对科技创新的兴趣。同时，夜间照明也给贫民窟的治安带来了一定程度的改善，提高了居民的生活品质。长远来看，这一有趣且具有意义的科技项目有助于减少该地区的青少年犯罪率。之后，以米内拉山贫民窟足球场项目为模本的同类项目，已经在二十多个国家和地区中建立了超过300块场地。这一项目将持续生根发芽，惠及更多地区和群体。

最后，和许多发达国家的智慧城市一样，里约热内卢在集成式城市管理方面也一马当先，拥有拉美地区最为先进的智慧城市管理系统。里约热内卢市政府的城市综合运行中心于2010年投入使用，采用国际商业机器公司的管控运行系统，整合了里约热内卢市30多个城管部门的资源，通过遍布全城的千余个摄像头实时监控各主要路段、地铁站以及事故和灾难高发区的状况；当紧急情况发生时，里约热内卢城市综合运行中心会立即与市长办公室和民事厅通过音视频系统进行联动处置，当地媒体或市民若想第一时间了解政府部门是如何应对危机的，也可以向运行中心申请列席会议。这些举措很大程度上实现了跨部门、跨行业、政民互动的综合性城市治理。❶

---

❶ 孙语冰. 全球视野下的城市功能发展 [J]. 网络传播，2016（6）：36–37.

（二）智利首都圣地亚哥：在智慧交通和智慧环保上表现突出

智利首都圣地亚哥无疑是拉美地区发展速度最快的城市之一。2020年，根据西班牙的瓦拉大学IESE商学院发布的《IESE城市动态指数（2020）》，智利圣地亚哥被评为拉丁美洲"最智慧"的城市，位列全球智慧城市排名中的第68位。总体来看，圣地亚哥在智慧交通和生态环境建设上表现亮眼。

通过圣地亚哥智慧城市计划，圣地亚哥市已完成了电动巴士和出租车、充电桩等公共设施的初步建设。其中，相比传统柴油公共巴士，电动巴士使公共交通运营成本减少了近70%。智利交通通信部还在同步试点几个智慧交通计划，包括开发高速公路自动收费定价系统，应用USB传感器跟踪交通情况以及建立监控中心实时监控交通流量等。

在绿色环保的生态系统建设方面，智利政府一方面通过电动巴士减少汽车尾气带来的污染，还颁布了对改用节能车辆的市民提供环境税和交通限制豁免的政策，以鼓励居民们采用绿色出行方式。同时，智利还大力支持电动汽车产业和共享经济的发展。2016年，圣地亚哥市就成功实施了名为"圣地亚哥单车"（Bike Santiago）的共享单车计划，给共享单车配备了可以搜索并显示交通路线及药店、加油站等设施的应用软件。2019年，圣地亚哥市和国际自行车共享系统设备供应商PBSC城市解决方案公司（PBSC Urban Solutions）合作，开发出新的太阳能共享单车供市民使用。这些公共设施的建设与投放有着极强的环保针对性，居民使用的门槛也较低，较好地达成了以智能技术促进环境改善的目标。

近年来，圣地亚哥还在公园等公共场所设置了收集城市噪声、温度、空气质量等基本数据的传感器，这些设备可以根据当地当日气温、日照、湿度等因素来控制公园植被的灌溉量。同时，在街道上，圣地亚哥市还搭设了耗能更少的发光二极管照明灯，以减少不必要的能源损耗。

（三）阿根廷首都布宜诺斯艾利斯：邀市民共治的智慧城市之光

阿根廷首都布宜诺斯艾利斯素有"南美巴黎"的美誉，近年来凭借大力支持创新和科技产业的政策，尝试将传统风韵和魅力与现代科技之光完美结合，频频跻身拉美"最智慧"的城市行列。总体来看，布宜诺斯艾利斯在数字政府和多元共治、环境治理方面成果斐然。

从2008年起，布宜诺斯艾利斯市政府就开启了淘汰纸质办公流程的行动，转而采用信息技术系统来管理政府内部事务，并加强与市民的互动。由此，布宜诺斯艾利斯提出开放政府理念，从开放信息和数据、提供公用无线网络，到设置智慧交通灯与治安监控系统等，都是为了给市民提供更优质、方便和及时的市政服务。布宜诺斯艾利斯市民不仅可以通过专用App享有线上公开透明的城市数据资讯，而且能够通过线上平台City GobCamps自发筹办公开讨论会，邀请政府官员、民间企业等参与，开启非官方的线下交流活动。此外，针对市民投诉，市政府专门设置了一款数字化分类解决方案平台，用于实时查看和整理投诉，分析投诉问题，并通过移动设备在社交媒体上与市民互联。比如，当某位市民发现街道井盖没有盖上时，他们可以通过推特把照片发给相关政府部门，并详细描述问题和具体位置；相关部门收到信息后，就能立即寻找并执行解决办法，然后在推特上发布照片，通知市民问题已妥善解决。❶

在环境治理方面，布宜诺斯艾利斯多年来饱受洪涝侵袭和市区排水不畅的困扰，市政府与德国软件企业思爱普（SAP）合作建立了一整套数字化环境管理系统。布宜诺斯艾利斯市政府还在全市下水道系统安装了传感器，以测量水流速度和水位，及时监测防洪压力。这些信息与天气数据，甚至垃圾车辆传感器数据，都能有效地被思爱普公司提供的高性能内存数据库平台SAP HANA实时收集、监控和分析。计算结果将用于指导工程师到达故障地点开展修护工作。新技术的应用带来了显著效果：2013年，在新系统投入使用之前，该市洪水曾导致超100人死亡，而在2014年，该城市创纪录的降雨量既没有导致严重的洪涝灾害，也没有导致当地居民死亡。❷

为了提升城市内的空气质量，布宜诺斯艾利斯市还在市区内布置了1000多个空气感应器来监控空气品质，帮助后续拟定环保政策。布宜诺斯艾利斯市还开启了智慧出行计划，开发了比优步（Uber）、谷歌地图等更加在地化的应用程序——BA-Taxi和BA Cómo Llego，让市民和游客都感受到了方便。

---

❶ 布宜诺斯艾利斯：打造智慧城市，保留古老风韵［EB/OL］. 搜狐网，（2017-12-22）［2022-05-05］. https://www.sohu.com/a/212200878_156030.

❷ 李鑫. 智慧城市将重塑经济的十种方式［EB/OL］.（2019-02-26）［2022-05-05］. https://www.iyiou.com/news/2019002693468.

• 181

（四）秘鲁首都利马：落后地区的智慧发展之路

在秘鲁，超过九成的企业都属于中小微企业，它们创造了全国约85%的工作岗位，贡献了约40%的年度国内生产总值。新冠肺炎疫情之后，这些在秘鲁经济发展中处于中坚力量的企业却有近七成不得不面对销售额不断下降的窘境。同时，由于卫生防疫的紧迫性以及隔离期间对生活保障物资等需求的增加，城市内医疗、教育、零售等行业的销售额不降反增，利马市民也以前所未有的势头转向了通过数字化渠道进行购物，一些之前不曾进行线上消费的人群也开始投入数字化怀抱，这让利马政府看到了全新的机会。

为此，利马市经济发展部门特别设立了名为"利马市集"（Mercado de Lima）的在线数字购物平台。该平台为任何潜在的商家或企业提供上传展示并售卖自己商品的机会，让他们通过智能手机便可以与客户进行直接沟通。不仅如此，该平台还会提供完全免费的网上业务管理培训，极大地降低了使用该平台进行交易的门槛，扩大了用户范围。另外，平台还会在特殊节日发起优惠活动，通过社交媒体平台来提升人们对电商的好感度。截至2021年6月，"利马市集"平台已有超过8000种产品、1900名注册商户；2021年1—5月，平台的登记销售额超过2万美元，已成为部分中小微企业在疫情中不可获缺、赖以生存的数字化帮手。

最后，尽管相较于位于数字化进程前列的巴西、阿根廷、墨西哥等拉美国家，秘鲁的数字化进程才刚刚起步，但其抱持着向先进国家和地区学习、借鉴的目标，对于自身智慧城市和社区建设有着清晰的路径安排。2021年初，中国和秘鲁就两国自贸协定进行升级谈判，秘鲁国立圣马科斯大学亚洲研究中心主任卡洛斯·阿基诺（Carlos Aquino）表示："期待中国能帮助秘鲁发展5G网络，并将智能应用、智慧城市等相关科技引入秘鲁，从硬件和软件两方面为秘鲁发展注入动力。"❶同年底，秘鲁利马市市长豪尔赫·穆诺兹·威尔斯（Jorge Muñoz Wells）与韩国首尔市市长吴世勋以线上会议的方式举行了智慧城市合作业务签约仪式，意在引进在城市发展经验方面得到极高评价的"首尔模式"，通过与韩方的通力合作，解决因城市化快速发展而带来的治安、交通等各方面问题。

四、借鉴与启示

根据多方研究机构的调查结果来看，凭借智慧城市和社区建设的良好机遇，以里约热内卢、圣地亚哥、墨西哥城等为代表的拉美城市进入了城市转型的新周期，当地城市居民的生活水平得到了相应改善。从上述不同的案例中，我们可以看到拉美地区为应对自身大规模城市化后滋生的不平等和暴力问题所做出的的努力和尝试。对拉美地区而言，智慧化发展的核心目标是提升居民生活品质，而非继续促进

---

❶ 朱东君. 创造机遇，推动经贸合作提质升级［EB/OL］. 人民日报，（2021-01-23）［2022-05-05］. http://cn.brnn.com/n3/2021/0126/c414912-9812879.html.

城市扩张。[1]由此带来的挑战即是如何创造更具包容性、更加可持续的城市，如何创造拥有更多公共空间和为居民而设计的城市。[2]

然而，拉美城市和社区中的不平等痼疾仍存，在数字时代来临之后，这一问题演化成了更加难以解决的数字鸿沟问题。信息占有的多寡、数字技能的高低将逐渐成为决定社会分层的核心要素，影响社会、机构、家庭对于关键资源的占有和分配，由此改变整个社会的公平和效率格局。和非洲大陆一样，拉美地区高昂的网络和电子设备费用是制约互联网普及的重要原因。拉美开发银行的报告显示，拉美每月的移动宽带费用占月人均国民总收入的4.6%，远高于经济合作与发展组织（OECD）成员国0.8%的平均水平。此外，群体间、城乡间的数字鸿沟差异也极为显著：农村地区的网络普及率和网络质量远落后于城市；老人、穷人、残疾人等的上网比例极低。秘鲁国家统计和信息学研究院的数据表明，2020年第一季度，只有5.9%的秘鲁农村家庭可以上网，部分有网络覆盖的农村地区信号也极不稳定。在哥伦比亚，最富裕的家庭群体中有75%在家中就能上网，而最贫穷的家庭群体中只有11%可以上网。在巴西，只有不到29%的学生可以在学校上网，远低于55%这一经合组织成员平均水平。

在此背景下，如何在智慧城市和社区建设中突出集体利益，让更

---

[1] 费尔南多·雷耶斯·马塔,薛靖恺.拉丁美洲城市与生活品质：上海世博会以来的进展[J]. 国际社会科学杂志：中文版, 2013（4）：7, 10-11, 75-82.

[2] 联合国人类住区规划署.《2021年拉丁美洲和加勒比地区城市展望》(Estado de las ciudades de América Latina y el Caribe 2021)［EB/OL］.（2021-12-13）［2022-05-05］. https://www.unep.org/es/resources/informe/el-peso-de-las-ciudades-en-america-latina-y-el-caribe-requerimientos-futuros-de.

广泛的底层人群加入分享数字红利的进程中就变得至关重要，任何不能让更广泛的群体加入基础网络连接的城市都不可能是智慧的，任何不思考结构性贫困和不平等问题就开始建设数字基础设施或应用平台等的做法都是轻率且不负责任的，这不但不会帮助城市进步，还会加剧城市分化，加重民众的不满情绪。以2019年智利尝试推行的"智能电表"项目为例，由于该项目的切实收益难以预期，项目执行者未和普通市民做充分的沟通就要求个人承担更换"智能电表"的费用，而智利电价预计在2020年进行上涨，涨幅将达到9%—10%，因此，"智能电表"项目最终受到了消费者与用户组织以及部分能源委员会成员的强烈反对，不得不草草结束。

2007年，拉丁美洲和加勒经济委员会提出了"社会凝聚"（social cohesion）和"社会融入"（social inclusion）的概念，成为拉美国家社会政策的指导思想和主流理念：以渐进和持续的方式，推动经济增长方式转变，推动社区与城市的数字化建设，在经济增长的同时，解决不平等和"社会排斥"（social exclusion）问题，减缓贫富差异带来的数字鸿沟的扩大。十几年来，拉美地区各城市的发展和智慧化转型进程不一，难以一概而论，但构建包容性的智慧社会显然是各国需要共同努力的方向，如何让无法联网的人群也充分享受到智慧城市的收益是拉美地区仍需长期正视和关注的焦点。我们相信，跨越数字鸿沟的障碍，从而团结更多的群体加入智慧城市和社区合作，形成数字化转型的共识，开启城市改革的良性循环，能够造就更加平等的拉美城市。

结语

面向未来的智慧城市和社区建设

当前,面对新冠肺炎疫情长期化、世界经济格局动荡加剧的现实,全球都市都越来越需要全方位、系统性的变革,以应对目前城市化发展模式可能带来的经济持续衰退、环境污染、两极分化等严峻挑战。这或许预示着以下转折的到来。

一是城市和社区运行的自动化。随着以人工智能为核心的数字技术的突破和跨越式发展,大规模互联互通的物联网基础设施系统、社区服务生态系统、居民应用程序系统等将成为现实。城市将通过建设整合式的数据中心、平台应用等,强化跨部门、跨社区、跨平台的数据搜集和整理,再依托区块链、云计算、大数据等技术构建可提供城市实时情况、运行特征和变化状态的自动化"城市中枢管理系统",最终实现精准预测分析并管理城市内各类事件。这种基于数据的自动化感知、反馈、校正将是未来城市和社区治理体系的基本特征。[1]

二是城市和社区发展共同体化。一方面,早有学者对人工智能时代算法对强化群体关系、共同体边界的重要作用进行了探讨,认为人

---

[1] (美)阿莱克斯·彭特兰. 智慧社会:大数据与社会物理学[M]. 汪小帆,汪容,译. 杭州:浙江人民出版社,2015:136.

工智能算法通过评价、归类、区隔的做法将圈层固化，连接具有相似特质的人群，在一定程度上加固了现存不同共同体间的"墙"，促成着新的共同体边界的形成。[1]另一方面，在此次严峻的疫情考验下，上海市一些社区中涌现的"团长"引领邻里互助、居民争当志愿者等现象，是人们通过数字连接主动寻找相似人群、重新建立持久互动的结果，社区居民对共同体的重建、维系和期待或会超越这一特殊时期，让后疫情时代城市居民所需的归属感、认同感和安全感得以提升，使居民间逐渐回归到兼具群体亲密感和个人私密性的共同体生活，使居民从"最熟悉的陌生人"向"社区一分子"转变。[2]

三是城市和社区生活低碳化。工业化强调的规模化发展并不重视对资源的浪费和对环境的污染，以数据中心为代表的信息化发展也呈现出了一定程度的高能耗现状。在这一方面全球城市化路径和功能极为趋同，无限制扩张的模式导致大量的城市基础设施和居民生活区等成为碳排放的主要贡献者。[3]为此，在全球"碳达峰""碳中和"以及我国十四五时期大力推动的生态文明建设的战略趋势下，城市中社会经济各部分的系统性减碳变革即将到来，资源节约集约利用、人与自然和谐共处的循环经济将日趋重要。以满足城市内环境和资源的可持续性为出发点和落脚点，人与自然的平等性、共生性将进一步提升，

---

[1] 彭兰. 算法对共同体的强化与促成[J]. 青年记者，2021（9）：4.

[2] 马丹. 新民快评|邻里场景 再归来[N]. 新民晚报，（2022-04-14）[2022-05-07]. https://wap.xinmin.cn/content/32146604.html.

[3] 张大卫. 在《中国碳达峰碳中和进展报告（2021）》发布暨"碳达峰碳中和"研讨会上建议[EB/OL]. 中国国际经济交流中心，（2021-12-31）[2022-05-07]. http://www.cciee.org.cn/Detail.aspx?newsId=19549&TId=687.

促进二者形成有包容性、韧性的生命共同体。❶

四是城市和社区空间功能的杂糅化。在新工业革命中兴盛起来的现代城市具有典型的集聚效应，造成了区隔鲜明、功能定位各异的办公区、住宅区、商业休闲区等，但这种空间结构和就医、就学、消费等资源分配并不均衡，比如，近年来，诸多大城市饱受"职住不平衡""钟摆式交通拥堵"等问题的困扰。对此，以法国巴黎为代表的发达都市已率先开始践行"15分钟生活圈"，在城市内部建立多个多功能"微型城市"，以满足社区居民就近购物、看病、上学、办公等需求。同时，还有一些城市和建筑规划学者、传播学者提出空间格局向流动性、不确定性和多元杂合性演变。❷例如，城市的街道、公园、博物馆等场所的设计以及旧建筑的修复，往往会杂糅新旧和中外的象征元素，脱离原有的城市结构，融合了由信息技术所带来的各个层次的传播内容，这往往是政府、资本、专家等的意见联合所生成的产物。

最后，毫无疑问，21世纪将是智慧城市和社区向更大、更高维度的智能方向演化发展的时代。世界各国城市的发展已不单单是城市化进程的加快，而是加速步入智慧化道路。从本书中，我们可以看到，各个国家和地区都跃跃欲试，试图通过新一轮数字技术帮助各自的城市取得真正的发展上的突破，显示出"百花齐放""百家争鸣"的特

---

❶ 袁秀月. 阳台种菜热背后：疫情教会了我们什么？[EB/OL]. 中国新闻网.（2022-05-17）[2022-05-07]. https://www.chinanews.com.cn/gn/2022/05-17/9756208.shtml.

❷ 潘忠党,於红梅.阈限性与城市空间的潜能——一个重新想象传播的维度[J]. 开放时代, 2015（3）：8-9，140-157.

色和态势。同理，我国的智慧城市发展也将进入"深水期"，在选择适合我国国情的建设道路的同时，也必须适应后疫情时代的世界潮流——在数字经济高质量发展的时代，更加坚定地维护对外开放和全球化的宝贵成果，以及更加积极地达成双碳目标，探索崭新的以人为本的可持续发展理念与行动。